Paramhansa Yogananda

Verbinde dich mit deiner inneren Kraft

vianova

Verlag Via Nova

Paramhansa Yogananda

VERBINDE DICH mit deiner INNEREN KRAFT

Verlag Via Nova

Übersetzung aus dem Englischen:
Evelyn Horsch-Ihle

Originaltitel:
Yogananda, Paramhansa,
How to Awaken Your True Potential
Crystal Clarity Publishers, Bothell, Washington 98021

Crystal Clarity, Publishers,
c/o Ananda Edizioni
Morano Madonnuccia, 7
06023 Gualdo Tadino (PG) Italy
Phone: +39-075-9148375
www.anandaedizioni.it

---

2. Auflage 2022
Verlag Via Nova, Alte Landstr. 12, 36100 Petersberg
Telefon: (06 61) 6 29 73
Fax: (06 61) 96 79 560
E-Mail: info@verlag-vianova.de
Internet: www.verlag-vianova.de
Umschlaggestaltung: Guter Punkt, München
Satz: Sebastian Carl, Amerang
Druck und Verarbeitung: C.H. Beck, 86720 Nördlingen

ISBN 978-3-86616-472-7

INHALTSVERZEICHNIS

Kapitel 1
EINE HEILIGE EINLADUNG

Verlasse die verschlossene Kammer deiner Begrenzungen. Atme die frische Luft vitalisierender Gedanken ein. Atme die vergiftenden Gedanken der Entmutigung, der Unzufriedenheit, der Hoffnungslosigkeit aus. Lasse deinen Geist niemals erfüllt sein von menschlichen Begrenzungen wie Krankheit, Alter oder Tod, sondern lasse dich ständig Gedanken denken wie: „Ich bin das Unendliche, das Körper geworden ist".

Mache lange geistige Spaziergänge auf dem Weg des Selbstvertrauens. Übe deine Instrumente des guten Urteils, der Selbstbeobachtung und der Initiative. Genieße das unermüdliche, kreative Denken in dir und anderen.

Kultiviere vor allem deine regelmäßige Meditation. Dies ist der interne Schalter, den du umlegen kannst, um dich mit dem Unendlichen zu verbinden. Halte dich an die Nachwirkungen der Meditation, indem du sie aufmerksam registrierst. Du wirst dann feststellen, dass du ein Kraftpaket bist, sowohl was den Körper, den Geist als auch die Seele betrifft. Indem du dich ständig auf die friedlichen Nachwirkungen der Meditation besinnst, indem du die Unsterblichkeit im Körper fühlst und indem du den Ozean der göttlichen Glückseligkeit unter den veränderlichen Wellen der Erfahrungen spürst, kann deine Seele ewige Verjüngung finden.

Ihr seid alle Götter, wenn euch das nur bewusst wäre! Ihr müsst nur nach innen schauen. Hinter den Wellen deines Bewusstseins liegt das Meer der Gegenwart Gottes. Nimm deshalb dein göttliches Geburtsrecht an. Erwache, und du wirst die Herrlichkeit Gottes in dir spüren.

Paramhansa Yogananda

Lieber Leser,

Paramhansa Yogananda schenkt uns hier eine Vision dessen, was du in Wahrheit bist. Indem du seinen weisen Ratschlägen folgst, kannst du dich von begrenzenden Gedanken und Verhaltensweisen befreien und die Freiheit und Glückseligkeit entdecken, die dich in der inneren Stille deines eigenen Seins erwarten.

Meditation wird heute von Experten aus vielen Bereichen empfohlen, von Gesundheitsberatern bis hin zu Sportidolen. Yogananda bringt dich in Kontakt mit der Meditation und hilft dir, ihr enormes Potenzial zu entdecken. Du wirst lernen, wie Meditation dich über ein stressfreies Leben hinausführen kann, ja sogar über den inneren Frieden hinaus, zur Verwirklichung deines eigenen höchsten Selbsts, deines wahren Potenzials.

Yoganandas Worte, stark von seiner Seele inspiriert, führen dich durch die wesentlichen Schritte, mit denen du dich von deinen inneren Beschränkungen befreien kannst: Er lehrt dich, wie du deine täglichen Gewohnheiten transformieren kannst, wie du die Kraft deines Geistes entdecken kannst, wie du Meditation nutzen kannst, um dein wahres Wesen zu erfahren, und schließlich, wie du dein äußeres Leben zu einem Spiegelbild deines sich ständig erweiternden Bewusstseins machst.

Wie Yogananda gern sagte: „Die Zeit zur Gotteserkenntnis ist gekommen!"

Crystal Clarity Verlag

Kapitel 2
KONTROLLIERE DEIN SCHICKSAL

~ 1 ~

Was auch immer du in der Vergangenheit aus dir gemacht hast, ist das, was du jetzt bist. Durch die geheimen, unsichtbaren Spuren deiner früheren Handlungen wird die Macht deiner gegenwärtigen Handlungen subtil kontrolliert.

Durch das Gesetz von Ursache und Wirkung, das unser Handeln bestimmt, hast du dir selbst befohlen, entweder bestraft oder belohnt zu werden. Du hast aber wahrscheinlich genug gelitten. Es ist jetzt an der Zeit, dass du dich aus dem Gefängnis deiner früheren Gewohnheiten entlässt. Da du der Richter bist, kann dich kein Gefängnis des Leidens, der Armut oder der Unwissenheit halten, wenn du bereit bist, dein Selbst zu befreien.

~ 2 ~

Wenn dich wiederholt Rückschläge treffen, dann lasse dich nicht entmutigen. Sie sollten dich stimulieren und nicht vergiften und dich auf deinem materiellen oder spirituellen Wachstumsweg vorantreiben. Zeitabschnitte des Misserfolgs sind die beste Jahreszeit, um die Samenkörner des Erfolgs auszubringen. Reiße die Ursachen deines Misserfolges aus und wirf dich mit doppelter Kraft in das, was du erreichen willst. Die Wunden der Umstände mögen dich bluten lassen, aber geh‘ weiter und lasse den Kopf nicht hängen!

Selbst wenn du bei deinen Erfolgsversuchen stirbst, ist dies noch ein Erfolg; weigere dich darum, ein Bewusstsein der Niederlage in dir entstehen zu lassen. Versuche es immer noch einmal, ganz gleich, wie oft du schon Misserfolge dabei erlebt hast. Halte im Rennen um den Erfolg noch eine Minute länger durch, auch wenn du schon dein Bestes gegeben hast und denkst, du kannst nichts mehr tun.

Um dies zu veranschaulichen: A und B waren in einem Boxkampf, bei dem es um viel ging. A dachte: „Ich habe nun geboxt und geboxt – jetzt kann ich nicht mehr." B dachte genau dasselbe. Aber dann dachte A: „Jetzt nur noch ein einziger Schlag!" Den machte A und B fiel um. Genauso solltest du handeln – immer noch *einen weiteren Schlag*.

~ 3 ~

Gewohnheiten sind automatische mentale Mechanismen, um Handlungen durchzuführen, ohne dass man dazu seine Willenskraft oder die Mühen einsetzen muss, die normalerweise beim Beginn neuer Aktionen erforderlich sind. Gewohnheiten machen die Durchführung von Handlungen leichter. Gute Gewohnheiten und Tugenden sind ewige Eigenschaften, die Freude bereiten.

Falsch eingesetzt, kann dieser Mechanismus jedoch zum Erzfeind des Menschen werden. Schlechte Gewohnheiten ziehen schlimme Dinge an. Schlechte Gewohnheiten und Sünden sind vorübergehende, Elend erzeugende Aspekte der Seele.

Es ist bedauerlich, aufgrund der Macht einer schlechten Angewohnheit gezwungen zu sein, auch gegen seinen eigenen Willen Böses zu tun und dann aufgrund seiner eigenen bösen Handlungen leiden zu müssen. Es ist dagegen wunderbar, dasjenige gewohnheitsmäßig zu tun, was recht ist, und auf diese Weise das Gute und das innere Glück zu vervielfältigen.

Die Macht der Gewohnheiten ist im Leben eines Menschen gar nicht hoch genug einzuschätzen. Die meisten Menschen verbringen ihr Leben damit, gute geistige Beschlüsse zu fassen, aber schaffen es nie, dem zu folgen, was wirklich gesund für sie wäre. Normalerweise tun wir nicht das, was wir tun wollen, sondern nur das, was wir gewohnt sind.

Fühle dich also nicht hilflos, wenn du einige unerwünschte Gewohnheiten in dir trägst. Jetzt ist es an der Zeit, sie zu besiegen, indem du deine Willenskraft entwickelst und dir angewöhnst, regelmäßig und richtig zu meditieren. Du kannst dich aus den Fängen schlechter Gewohnheiten befreien und stattdessen Denk- und Handelsgewohnheiten erzeugen, die dir die gewünschten Ergebnisse bringen.

~ 4 ~

Wenn du nicht über genug Willenskraft verfügst, versuche einmal, eine „Ich werde nicht“-Kraft zu entwickeln. Wenn du am Esstisch sitzt und Mr. Gierschlund versucht, deine Selbstkontrolle zu betäuben und dich dazu zu bringen, mehr zu essen, als du solltest, dann pass‘ auf dich auf. Nachdem du die richtige Zusammensetzung und Menge Essen genossen hast, sag dir: „Jetzt werde ich nichts mehr essen", stehe vom Tisch auf und laufe weg. Wenn jemand dir hinterherruft: „John, komm zurück! Vergiss den köstlichen Apfelkuchen nicht!", rufe einfach zurück: „Nein, werde ich nicht."

~ 5 ~

Der einzige Weg, Versuchungen zu vermeiden, besteht darin zu wissen, dass es höhere Dinge als Versuchungen gibt. Wenn also eine Versuchung kommt, *stoppe zuerst* die Handlung oder die Macht. Wenn die Versuchung dann weg ist, *dann erst denke darüber nach*, denn eine Versuchung wird sonst immer deine Vernunft überwinden. Sag einfach „Nein", steh auf und geh weg. Das ist der sicherste Weg, um Versuchungen zu zerstören. Je mehr du diese Kraft des „Ich werde nicht..." schon während des Aufkommens einer Versuchung entwickelst, desto glücklicher wirst du sein, denn Glück hängt von deiner Fähigkeit ab, die Dinge zu tun, die du tun solltest.

Gewohnheiten sitzen wie ein Krake in deinem Gehirn und befehlen dir, bestimmte Dinge zu tun. Du willst etwas eigentlich gar nicht tun und doch tust du es. Lass dich niemals an den Punkt bringen, an dem du zum Opfer falscher Gewohnheiten wirst. Denke daran, dass du dein eigener Chef sein musst. Lass dich von nichts und niemandem bestimmen. Wenn etwas Unerwünschtes bei dir zur Gewohnheit wird, ist es an der Zeit, es zu beenden.

In der Regel mag ich keine Gebote. Wann immer du jemandem befiehlst, etwas Bestimmtes *nicht* zu tun, dann scheint das die Entschlossenheit dieser Person zu wecken, *genau das* zu tun. Der Geschmack verbotener Früchte ist am Anfang süß, am Ende aber bitter. Du solltest sehr gut darauf achten, dass nichts dein Glück stört.

~ 6 ~
Der Mann, der dachte, er wäre gegen Versuchungen immun

Herr J. war ein ständiger Trunkenbold. Nachdem er einen Heiligen getroffen hatte, legte er ein Gelübde ab, nun aber endgültig auf das Trinken zu verzichten. Er bat seine Diener, seinen kostbaren Wein in verschlossenen Kisten zu verstecken, den Schlüssel abzuziehen und den Alkohol nur noch an seine Freunde auszuschenken. Einige Zeit lang freute sich Herr J. an der Kraft, mit der er nun dem Trinken widerstehen konnte. Er war sich nicht bewusst, wie diese Sucht bereits im Unsichtbaren schon wieder ihre Köder auswarf, um ihn wieder in seinen Alkoholismus zu verstricken.

Als die Zeit verging und er sich gegen die Versuchung gewappnet fühlte, wieder zu trinken, bat er seine Diener, den Schlüssel zum Weinzimmer wieder bei ihm zu lassen, damit er seinen Freunden selbst Wein einschenken könnte. Da er sich im Geiste sicher fühlte, entschied er, dass es zu viel Mühe für ihn war, in den Keller zu gehen, um dort Alkohol für seine Freunde zu holen, also versteckte er einige Weinflaschen im Salon. Nach ein paar Tagen dachte Herr J.: „Da ich ja nun dem Alkohol gegenüber immun bin, kann ich ja den prickelnden Rotwein in der Flasche auf dem Tisch wenigstens anschauen."

Jeden Tag sah er sich die Flasche an. Dann dachte er: „Da mir der Alkohol ja wirklich egal ist, kann ich vielleicht den Wein einmal probieren und ihn sofort wieder ausspucken." Genau das tat er auch. Dann dachte er: „Da meine Entschlossenheit immer noch so stark ist, wird es mir nicht schaden, wenn ich nun einen Schluck nehme." Sein nächster Gedanke war: „Da ich meinen Alkoholkonsum ja nun wirklich überwunden habe, kann ich ja vielleicht auch immer nur einen Schluck Wein auf einmal trinken – aber so oft, wie ich will, denn mein Wille ist ja keineswegs versklavt." Dann wurde er betrunken und war von da an jeden Tag hilflos und betrunken, genauso, wie er es zuvor gewesen war, und all seine Entschlossenheit hatte ihm dabei nicht geholfen.

Herr J. hatte es nicht geschafft zu erkennen, dass seine Entschlossenheit, keinen Alkohol mehr zu trinken, sich noch nicht zu einer guten Gewohnheit entwickelt hatte. Es dauert nämlich fünf bis acht Jahre, bis man eine starke schlechte Gewohnheit durch eine gute Gewohnheit ersetzen kann. Bevor sich eine starke gute Gewohnheit herausgebildet hat, muss der Schüler sich konsequent von schlechten, gewohnheitsbildenden Umgebungen oder Handlungen fernhalten. Vor allem darf er niemals zulassen, dass sich schlechte Gedanken in seinem Kopf formen. Denn Gedanken bewirken Handlungen und sind daher umso gefährlicher.

Wenn du die Tendenz hast, auf einer materiellen Ebene zu leben, die nur Elend hervorbringen kann, dann lerne, dich von verführerischen Umgebungen fernzuhalten und alle Gedanken an Versuchungen auszutreiben. Umgib dich mit den richtigen Umweltbedingungen und halte deinen Geist mit Gedanken erfüllt, die dir guttun.

~ 7 ~

Eine Ursache für deinen Misserfolg besteht darin, dass du deine schlechten Angewohnheiten nicht gegen deinen freien Willen aufwiegst, mit dem du sie bekämpfen könntest. Man braucht kein außergewöhnliches Talent dazu, sondern nur eine unerschütterliche Ausrichtung und unermüdlichen Einsatz. Trage deine Lasten alter mentaler und moralischer Schwächen deiner Vergangenheit nicht länger mit dir herum, sondern verbrenne sie im Feuer der Entschlossenheit und werde so frei.

Wenn du dich entscheidest, etwas zu tun, von dem du weißt, dass es absolut richtig ist, dann führe es um jeden Preis durch. Dies wird deinem von Weisheit geleiteten Willen mehr Macht über deine schlechten Gewohnheiten geben. Denke nicht mehr an den materiellen Schiffbruch des letzten Jahres, den du erlitten hast, lege alle Gedanken an mentale und moralische Schwächen, spirituelle Gleichgültigkeit und halbherzige Meditationen beiseite und setze deinen ganzen Willen ein, um wohlhabend zu werden, Selbstbeherrschung zu üben und tief zu meditieren, bis du wirklich mit Gott in Kontakt kommst.

In der Meditation zieht der Geist die Lebenskraft aus den Muskeln und Nerven und konzentriert sie in den Gehirnzellen, wo auch die schlechten Gewohnheiten des Geistes gebildet werden. Diese konzentrierte Lebensenergie im Gehirn brennt aber dann alle Spuren mentaler Gewohnheiten aus, die dort abgelagert worden sind.

Die richtige Meditationsmethode ist der einzige Weg zu umfassender Freiheit und nachhaltigem Erfolg. Du musst bewusst mit Gott in Kontakt treten. Wenn du Ihn findest, dann wirst du Herrschaft über dich selbst und alle einschränkenden Bedingungen erlangen.

Kapitel 3

ENTSCHEIDE DICH FÜR FREIHEIT, NICHT FÜR ELEND

~ 1 ~

Nur durch das Feuer hartnäckiger Anstrengung können bösartige Samen vergangenen Karmas geröstet und zerstört werden. Die meisten Menschen geben die Hoffnung genau dann auf, wenn die Waagschale guten Karmas sich gerade langsam zu ihnen senkt, um ihnen Früchte zu bringen, und so verpassen sie ihren Lohn.

~ 2 ~

Müßiggang ist äußerst schädlich für Erleuchtung. Bevor du zum Reich Gottes gelangen kannst, muss deine Faulheit des Körpers oder des Geistes ausgemerzt werden. Ebenso, wie Soldaten auf dem Schlachtfeld nie müßig sein dürfen, so muss auch ein spiritueller Mensch absolut frei von geistiger oder körperlicher Untätigkeit sein.

Lass dich nie glauben, dass eine Arbeit zu viel für dich ist. Denke daran, dass Gott Universen erschaffen hat und nie müde dabei wurde; und dass wir Seine enorme Fähigkeit zur Aktivität in uns spüren.

Was auch immer du tust, denke immer daran, dass du das Werk Gottes tust. Sage dir jeden Tag: „Was kann ich heute für Gott tun?" Gib heute dein Bestes und vergiss das Morgen. Belaste deine Seele nicht mit kleinlichen Sorgen. Gott wird sich schon um alles kümmern.

3

Dein Engagement im Geschäftsleben ist wichtig, aber deine Verabredung zum Dienst an anderen ist wichtiger, und dein Engagement für Meditation, für Gott und für die Wahrheit ist am wichtigsten. Sage nie, dass du zu beschäftigt bist, den Wolf von der Tür fernzuhalten, um Zeit zu haben, deine himmlischen Eigenschaften zu entwickeln. Durchbrich deine selbstzufriedene, unbewegliche Gewohnheit, deine weniger wichtigen Verabredungen zu idolisieren und deine wichtigste Verabredung mit der göttlichen Weisheit zu ignorieren. Niemand außer dir wird sich für deine Taten verantworten müssen.

Handlungen voll Überaktivität und Müßiggang führen ins Elend. Es ist heute an der Zeit, dass der moderne Mensch seine Schläfrigkeit abschüttelt und sein Leben systematisiert. Der moderne Mensch hat gelernt, Wissenschaft und Systematik im Geschäftsleben für seinen materiellen Komfort einzusetzen. Er sollte auch Wissenschaft und Systematik einsetzen, um seine Gesundheit, seinen Wohlstand, sein gesellschaftliches Leben und seine Weisheit zu verbessern.

Systematisiere und plane darum alle deine Aufträge. Lasse den Sekretär deines wahren Urteils die tägliche Reiseroute deines Lebens gestalten.

4

Schlechte Angewohnheiten, wie gierig sein, wütend werden, neidisch sein oder trinken, faul sein oder versagen, werden von unklugen Herden kleiner Handlungen, deren zahlenmäßige Stärken allein dazu geführt haben, dass sie begangen wurden, „ins Amt gewählt“, ohne daran zu denken, wie sehr man sich dadurch später versklavt.

Sklaven eigener Gewohnheiten werden nicht als solche geboren; sie werden durch ständig wiederholte Handlungen dazu gemacht. Der erste Drink hat noch nie jemanden zu einem Trunkenbold gemacht. Eine Reihe gedankenloser Wiederholungen einer falschen Handlung jedoch führt dazu, dass man sich davon fesseln lässt, und so wird diese Gewohnheit zum Herrscher. Die Stärke, die durch die Quantität und Wiederholung entsteht, hat dann die schwache qualitative Stimme der Vernunft besiegt, die keine Befürworter hatte, weil sie ihre Kraft nicht eingesetzt hat.

Schütze dich darum vor der ersten Ausführung einer schlimmen Handlung. Was du einmal getan hast, wirst du wahrscheinlich wieder tun müssen. Wie ein Schneeball, der bergab rollt, wächst eine Gewohnheit durch Wiederholung und wird größer und stärker. Benutze also deine Vernunft bei all deinen Handlungen; sonst kannst du zu einem hilflosen Sklaven unerwünschter Gewohnheiten werden.

„Denn wer besitzt, dem wird gegeben werden; wer aber nicht besitzt, dem wird auch noch das genommen werden, was er hat.“ Diese biblische Aussage gilt in hohem Maß auch für Gewohnheiten. Ein Mann der guten Tat nimmt stets an Tugend zu, aber ein Sklave schlechter Gewohnheiten verliert seine ganze Macht des Willens und der Vernunft.

Versuche darum ab heute, selbst die verborgenen negativen Gewohnheiten in dir zu überwinden und handle aus freien Stücken allein aus der Vernunft heraus. Deine Gewohnheiten sind nicht das, was du bist. Sei du selbst, und du wirst dich an das verlorene Bild Gottes in dir erinnern.

~ 5 ~

Jede neue Anstrengung nach einem Misserfolg muss gut geplant und mit zunehmender Intensität deiner Aufmerksamkeit aufgeladen sein.

~ 6 ~

Das Unterbewusstsein ist wie ein Papagei und wiederholt nur das, was wir ihm sagen. Statt also dem Geist Müdigkeit, Klagen und beunruhigende Gedanken einzugeben, suggeriere ihm Freude, Opulenz und Frieden, und diese Dinge werden sich dann in deinem Leben manifestieren.

Arbeite bereitwillig und unermüdlich; spüre, wie die ewige Energie unermüdlich in dir fließt. Lasse niemals zu, dass in dir Gedanken an Müdigkeit oder Erschöpfung überhandnehmen. Sage niemals: „Ich bin müde."

~ 7 ~

Sobald die Gewohnheiten des Körpers beginnen, den Geist zu beherrschen, wird es schwierig sein, den Körper dazu zu bringen, den Befehlen von Geist und Willen zu folgen.

Deshalb werden chronisch übergewichtige Menschen auch bei einer Diät nicht so leicht ihr Fett los. Ihre Körperzellen haben ihre eigenen Gewohnheiten gebildet und reagieren nicht sofort auf mentale Befehle, wie sie es tun würden, wenn sie darauf trainiert worden wären, den überlegenen mentalen Kräften zu gehorchen, die die Kraft haben, den Körper auf rechte Weise zu beherrschen.

~ *8* ~

Glaubst du, dass du völlig zerschlagen, erschöpft und kraftlos bist? Nein. Du hast alle Macht, die du haben willst, aber du nutzt sie nicht. Es gibt nichts Größeres als die Kraft des Geistes. Lass deinen Geist sich aus den kleinlichen Gewohnheiten erheben, die dich im Weltlichen gefangen halten. Lächle mit diesem unendlichen Lächeln – dem Lächeln Gottes – diesem Milliarden-Dollar-Lächeln, das niemand dir wegnehmen kann.

~ *9* ~

Denke daran, es liegt an dir, ob du Gier, Sinnessklaverei, Wut, Hass, Rache, Sorgen oder Disharmonien dein Leben regieren lässt oder ob du diese Herrschaft in deinem mentalen Königreich den göttlichen Soldaten der Selbstbeherrschung, der Ruhe, der Liebe, der Vergebung, des Friedens und der Harmonie überlässt. Treibe die rebellischen Sinnesgewohnheiten, die dem Reich deines Friedens nur

Elend gebracht haben, endgültig aus deinem Land. Sei dein eigener König und lass' die Soldaten der Güte und der guten Gewohnheiten das Königreich deines Geistes regieren. Dann wird in dir immer nur Glück herrschen.

~ *10* ~

Zähle niemals deine Fehler. Erkenne immer wieder, dass deine Liebe zu Gott zutiefst aufrichtig ist. Gott hat nichts gegen deine Unvollkommenheiten: Ihn verletzt nur deine Gleichgültigkeit.

~ *11* ~

Mach dir nichts daraus, wenn du in die Irre gelaufen bist. Wende dich einfach an Gott, voll Vertrauen und Liebe. Verstecke nichts vor Ihm. Er kennt alle deine Fehler, viel besser als du selbst! Sei vollkommen offen zu Ihm.

Du magst es hilfreich finden, zu Gott als zu deiner Göttlichen Mutter zu beten. Denn der Mutteraspekt Gottes ist allbarmherzig. Bete: „Göttliche Mutter, ob böse oder gut, ich bin Dein Kind. Du musst mich erlösen!"

Selbst eine menschliche Mutter liebt ihre unartigen Kinder genauso sehr wie ihre braven. Manchmal liebt sie sie sogar noch mehr, denn sie brauchen ihre Liebe mehr als die anderen.

~ 12 ~

Übergib Gott nicht nur das Gute, das du tust, sondern auch das Schlechte. Ich meine damit nicht, dass du absichtlich Dinge tun solltest, die falsch sind. Aber wenn du deine zu starken Gewohnheiten nicht selbst überwinden kannst, dann spüre, dass Gott durch dich handelt. Mache Ihn verantwortlich. Das gefällt Ihm!

Er ist es schließlich, der dich in deine Existenz geträumt hat. Du hast dich lediglich hypnotisiert, indem du an deine Schwächen gedacht hast. Wenn du den Herrn für deine Schwächen verantwortlich machst, wird dir das helfen, deine falschen Überzeugungen zu durchbrechen, die nur in deiner Vorstellung bestehen. Es wird dir dann leichter fallen, in dir selbst das vollkommene Bild Gottes zu erkennen.

Solange du dich bemühst, wird Gott dich nie im Stich lassen!

Kapitel 4
BEFREIE DICH VON EINSCHRÄNKENDEN GEWOHNHEITEN

~ 1 ~
Der Junge, der ein Heiliger wurde

In meiner Schule in Indien gab es einen Jungen, der von seinen Eltern dorthin gebracht wurde. Eigentlich nahmen wir nur Kinder unter zwölf Jahren an, aber er war viel älter. Ich sagte ihm, er könne unter einer Bedingung bleiben, und zwar, dass er bereit sei, ein guter Mensch zu werden.

Ich führte ein Gespräch von Herz zu Herz mit ihm und sagte: „Du hast dich entschlossen zu rauchen, aber deine Eltern wollen nicht, dass du rauchst. Du hast es geschafft, deine Eltern zu überwinden, aber nicht, dein eigenes Elend zu überwinden. Du tust dir selbst weh."

Mein Pfeil hatte ihn getroffen und er fing an zu weinen. Er sagte: „Sie schlagen mich immer."

Ich sagte: „Denke nur daran, was du dir selbst antust. Komm schon, ich werde dich unter der Bedingung annehmen, dass ich mich nicht wie ein Detektiv verhalten muss, sondern dein Freund sein darf. Solange du bereit bist, deine Fehler zu korrigieren, werde ich dir helfen, aber wenn du lügst, werde ich nichts mehr für dich tun. Lügen zerstört Freundschaft. Lüg mich darum nicht an."

Ich nahm ihn also auf und sagte: „Jedes Mal, wenn du rauchen willst, werde ich dir Zigaretten besorgen."

Eines Tages kam er zu mir und sagte: „Ich will unbedingt rauchen, es ist stärker als ich." Ich bot ihm Geld an, um sich Zigaretten zu kaufen, und er konnte kaum seinen Augen trauen. Er sagte: „Nimm das Geld zurück." Er wollte es nicht haben. Ich drängte ihn, Zigaretten zu kaufen, aber er wollte nicht gehen. Endlich, nach langem Hin und Her, sagte er: „Du wirst es nicht glauben, aber ich will nicht mehr rauchen."

Das Ergebnis all dieser Lehre und Disziplin war, dass er schließlich ein Heiliger wurde. Ich weckte sein spirituelles Bewusstsein. Das höchste geistige Bewusstsein liegt in dem inneren Bemühen, gegen den Strom in Richtung auf dein dauerhaftes Glück zu schwimmen. Nur sehr wenige Menschen jedoch geben sich diese Mühe. Aber prinzipiell kannst du dich ständig bemühen, ein guter Mensch zu werden, auch wenn deine Sünden so tief sind wie der Atlantische Ozean. Einige wenige Inkarnationen lang bist du ein Mensch gewesen, aber in Ewigkeit bist du ein Kind Gottes.

~ 2 ~

Warum solltest du dich als Sünder betrachten? Oh, es kann manchmal durchaus in Ordnung sein, im Namen der Demut, vorausgesetzt, deine Aufmerksamkeit richtet sich auf die Größe Gottes und nicht darauf, wie klein du vor Ihm erscheinst. Aber warum sollte man sich mit Negativität und Begrenzung beschäftigen?

Wenn du etwas Wertvolles wiederfinden wolltest, das unter einem Erdrutsch begraben wurde, würdest du dann nicht immer an dieses Objekt denken, während du dich durch den Schlamm gräbst? Wenn du dich dabei nämlich nur auf den Schlamm konzentrierst, könnte es geschehen, dass du dein eigentliches Ziel beim Graben aus den Augen verlierst und die Suche dann abbrichst.

~ 3 ~

Überempfindlichkeit und Selbstmitleid

Wir sollten nicht übermäßig empfindlich sein oder uns in Selbstmitleid ergehen, weil dies unsere Überempfindlichkeit erhöht. Du kannst Groll über etwas in dir pflegen und niemand weiß, was es ist. Es ist am besten für dich, in dir selbst zu suchen, um die Ursache für diese Empfindlichkeit zu beseitigen.

Viele Menschen denken, sie sollten sich selbst bemitleiden und dass dieses Selbstmitleid ihnen ein wenig Erleichterung bringen würde, aber Selbstmitleid ist eine Sucht wie Opium. Jedes Mal, wenn ein Opiumsüchtiger die Droge nimmt, wird er mehr von dieser Gewohnheit durchdrungen. Sei darum so fest wie Stahl und bekämpfe dein Selbstmitleid.

Wenn das Feuer der Empfindlichkeit in dein Herz eindringt und du erlaubst, dass es dort bleibt, dann frisst es sich in alle Fasern ein, die dir sonst Frieden schenken könnten. Du musst darum in der Lage sein, sie in dir selbst zu kontrollieren, da du weißt, dass deine Überempfindlichkeit von Satan geschickt wurde, der versucht, deinen Frieden zu zerstören. Jedes Mal, wenn Überempfindlichkeit dein Herz erreicht, trennt sie dich von dem göttlichen Lied des Friedens, das in dir spielen könnte, wenn du nicht so empfindlich wärst. Wann immer deine Empfindlichkeit überhandnimmt, versuche also, deine Emotionen zu überwinden, und gib nicht anderen die Schuld dafür. Übernimm selbst die Verantwortung dafür. Das ist der Weg, sie wirklich loszuwerden.

~ 4 ~

Wer in irgendeiner Weise benachteiligt geboren wurde, sollte der Versuchung, sich in Selbstmitleid zu suhlen, heftig widerstehen. Sich selbst zu bemitleiden bedeutet, die innere Kraft zur Überwindung dieser Hindernisse zu vermindern. Affirmiere stattdessen: Es gibt *keine* Hindernisse. Es gibt nur *Möglichkeiten*!

Beschuldige niemanden, nicht einmal dich selbst. Schuld und Anklage werden das Geschehene nicht auslöschen; sie werden vielmehr deine Abhängigkeit von bestimmten Umständen bekräftigen, über die du in Wahrheit gar keine Kontrolle mehr hast.

Suche Gott in deiner inneren Stille. Versöhne dich mit dem, was *ist* und was nun getan werden muss. Du kannst jedes Karma umgestalten, vorausgesetzt, dass du von heute an nur in deinem Seelenbewusstsein lebst.

~ 5 ~

Kummer

Kummer kann man nicht durch Kummer überwinden, sondern durch Freude. Manchem Kummer geben wir uns gerne hin; aber lass deinen Kummer nicht zu lange von dir Besitz ergreifen, sonst wird er dich des reichsten Teils deines Seelenbesitzes berauben – der ewigen Glückseligkeit.

~ 6 ~

Minderwertigkeits- und Überlegenheitskomplexe

Ein Minderwertigkeitskomplex ist genauso negativ wie ein Überlegenheitskomplex. Du bist von Natur aus ein Kind Gottes, also ist es falsch, zu glauben, dass du minderwertig oder anderen überlegen bist. Sowohl Minderwertigkeits- als auch Überlegenheitskomplexe verzögern den Fortschritt deiner Seele.

Du musst spüren, dass Gott in dir ist, dass Er dich führt und dass Gott deine höchste Liebe und dein größter Souverän ist. Du bist der Diener aller; deshalb kannst du dich nicht als anderen überlegen betrachten. Und weil Gott in dir ist, solltest du dich auch nicht minderwertig fühlen.

Ein Minderwertigkeitskomplex entsteht durch den Kontakt mit Menschen mit einem schwachen Geist durch ein angeborenes schwaches Unterbewusstsein. Ein Überlegenheitskomplex entsteht aus einem Ego eines Emporkömmlings und aus falschem Stolz. Beide leben von der Phantasie und ignorieren den Bereich der Tatsachen. Keine von beiden gehören zu deiner wahren, allmächtigen Seele.

Entwickle Selbstvertrauen, indem du deine Schwächen besiegst. Gründe dein Selbstvertrauen auf echte, zunehmende Leistungen, und du wirst frei von allen Unterlegenheits- und Überlegenheitskomplexen sein.

~ 7 ~
Angst

Angst ist ein geistiges Gift, es sei denn, sie wird als Gegenmittel verwendet – als Anreiz, um einen Menschen zu ruhiger Vorsicht zu bewegen. Angst zieht Objekte der Angst an, genau wie ein Magnet, der Eisenstücke anzieht.

Angst verstärkt und vergrößert unseren körperlichen Schmerz und unsere geistigen Qualen um das Hundertfache. Angst ist zerstörerisch für das Herz, das Nervensystem und das Gehirn. Sie zerstört unsere geistige Initiative, unseren Mut, unser Urteilsvermögen, unseren gesunden Menschenverstand und unsere Willenskraft. Angst bedeckt das alles überwindende Vertrauen und die Kraft unserer Seele.

Wenn etwas dir zu schaden droht, dann mindere deine kreativen geistigen Kräfte nicht dadurch, dass du in Angst bleibst. Nutze stattdessen deine Angst als Ansporn, um praktische Lösungen zu finden, die die Gefahr vermeiden helfen.

Wenn etwas dich bedroht, setze dich nicht untätig hin – tu etwas dagegen, wobei du in Ruhe deine ganze Willenskraft und deine Urteilsfähigkeit einsetzt.

Die Angst vor Misserfolg oder Krankheit wird genährt, indem du konstant an schreckliche Möglichkeiten denkst, bis diese im Unterbewusstsein und schließlich im Überbewusstsein Wurzeln schlagen. Diese Angstkörner keimen auf und füllen den Geist mit Angstpflanzen, die giftige Angstfrüchte tragen.

Wenn du nicht in der Lage bist, die quälende Angst vor Misserfolg oder Krankheit zu überwinden, lenke deinen Geist ab, indem du deine Aufmerksamkeit auf interessante, spannende Bücher oder sogar auf harmlose Unterhaltungen richtest. Wenn dann der Verstand seine quälende Angst vergessen hat, ermutige ihn, die Ursachen für Misserfolg und Krankheit im Boden deines Alltags zu entdecken, und beseitige sie.

Hab keine Furcht vor Krankheiten oder Unfällen, wenn du sie einmal hattest. Habe stattdessen Angst vor der Angst, denn eine solche Angst wird in dir ein Bewusstsein von Krankheit und Unfällen erzeugen, und wenn es stark genug ist, wirst du genau die Dinge anziehen, die du am meisten fürchtest. Andererseits kann Furchtlosigkeit sie aller Wahrscheinlichkeit nach abwenden oder zumindest ihre Macht reduzieren.

Töte deine Angst, indem du dich weigerst, Angst zu haben. Wisse, dass du hinter den Festungsmauern von Gottes ewiger Sicherheit geborgen bist, auch wenn du von Meeren des Leids erschüttert wirst oder wenn der Tod an deine Tür klopft. Gottes schützende Strahlen können die bedrohlichen Wolken des Jüngsten Gerichts vertreiben, sie können die Wellen der Prüfungen beruhigen und dich in Sicherheit bringen, egal, ob du dich in einer Burg oder auf dem Schlachtfeld des Lebens befindest, während die Kugeln der Prüfungen um dich herumfliegen.

Wenn dich die Angst überfällt, dann spanne deinen Körper an und entspanne dich wieder und atme mehrmals bewusst aus. Schalte den Strom der Ruhe und Lässigkeit ein. Lasse deine ganze geistige Maschinerie erwachen und die

Vibration deines Willens aufnehmen. Dann nutze deine Willenskraft für furchtlose Umsicht und gutes Urteilsvermögen. Lasse diese beiden Kräfte wie Zahnräder sein, die sich immer wieder umeinanderdrehen, um mit ihrer Hilfe praktische Ideen zu entwickeln, wie du deiner besonderen drohenden Katastrophe entkommen kannst.

Sich geistig in Angst zu suhlen wird nur eine unbewusste Angstgewohnheit schaffen. Wenn dann etwas Unerfreuliches geschieht, das über die normalen Abläufe hinausgeht, wird diese unterbewusste Angstgewohnheit aktiviert werden, das Objekt deiner Ängste vergrößern und die Fähigkeit deines bewussten Verstandes, sich gegen die Angst zu wehren, lähmen.

Da du nach Gottes Ebenbild erschaffen worden bist, besitzt du alle Kräfte und Möglichkeiten Gottes. Es ist falsch, zu glauben, dass deine Prüfungen größer sind als deine Göttlichkeit. Erinnere dich, egal wie deine Prüfungen auch sind, du bist nicht zu schwach, um sie zu bekämpfen. Gott wird nicht zulassen, dass du über deine Kräfte hinaus geprüft wirst.

Angst sollte keine geistige Trägheit, Lähmung oder Schwäche hervorrufen. Stattdessen sollte sie dich zu einer ruhigen, umsichtigen Aktivität anspornen. Du solltest gleichermaßen Impulsivität und zu große Scheu vermeiden.

Löse deine Angst von innen durch kraftvolle Konzentration auf deinen Mut – und dadurch, dass du dein Bewusstsein auf den absoluten Frieden in deinem Inneren verlagerst. Arbeite mit gesunden Menschen zusammen, die nach Wohlstand streben und die keine Angst vor Krankheit oder Misserfolg haben.

~ 8 ~
Sich Sorgen machen

Ganz gleich, wie beschäftigt du bist, vergiss nicht, deinen Geist gelegentlich vollständig von Sorgen und allen Verpflichtungen zu befreien. Entlasse sie aus deinem Kopf. Denke daran, du bist nicht für sie geschaffen, sondern sie sind von dir erzeugt worden. Erlaube ihnen deshalb nicht, dich zu foltern.

Wenn du von überwältigenden geistigen Prüfungen oder Sorgen heimgesucht wirst, versuche zu schlafen. Wenn du es schaffst, wirst du beim Erwachen feststellen, dass die Sorgen dich nicht mehr so fest im Griff haben wie vorher. Sage dir, dass die Erde weiter auf ihrer Umlaufbahn kreisen und dass alles Sonstige auch weitergehen würde wie bisher, selbst wenn du stirbst, also, warum solltest du dich sorgen? Wenn du dich selbst zu ernst nimmst, kommt der Tod vorbei, um dich zu verspotten und dich daran zu erinnern, wie kurz das physische Leben und seine Verpflichtungen sind.

Geistige Entspannung besteht in der Fähigkeit, deine Aufmerksamkeit willentlich von deinen eindringlichen Sorgen über vergangene und gegenwärtige Schwierigkeiten, von deiner Angst vor Unfällen oder von störenden Gedanken und Anhaftungen abzuziehen. Meisterschaft in geistiger Entspannung kann nur durch eine gewissenhafte Praxis erreicht werden. Sie entsteht, wenn dein Geist willentlich von allen Gedanken befreit und deine Aufmerksamkeit auf Frieden und Zufriedenheit in deinem Inneren ausgerichtet werden kann. Durch gewissenhafte Praxis kannst du lernen, deine Aufmerksamkeit von Sorgen auf Frieden umzuschalten, wenn du regelmäßig meditierst.

Jedes Mal, wenn du müde oder besorgt bist, atme ein und spanne deinen ganzen Körper an, dann atme mit Kraft aus und entspanne deinen ganzen Körper. Halte ein paar Augenblicke lang den Atem aus und lasse dabei auch alle Gedanken gehen, dann wirst du ruhig werden.

Lass deine Sorgen los. Tauche jeden Morgen und Abend in die absolute Stille ein. Versuche, eine Minute lang an nichts zu denken – besonders, wenn du dir viele Sorgen machst. Dann versuche, mehrere Minuten lang in diesem ruhigen Geist zu bleiben. Danach visualisiere ein Ereignis in deinem Leben, bei dem du ganz glücklich warst, und gehe geistig wieder und wieder diese angenehme Erfahrung durch, bis du deine Sorgen völlig vergessen hast.

~ 9 ~
Sorgenfasten

Wenn deine psychische Gesundheit schlecht ist, dann mache eine geistige Fastenkur. Ein gesundheitsförderndes mentales Fasten wird deinen Geist reinigen und die angesammelten mentalen Gifte ausschwemmen, die sich aus deiner unvorsichtigen, fehlerhaften geistigen Ernährung ergeben haben.

Zuerst einmal lerne, dic Ursache deiner Sorgen zu beseitigen, ohne ihnen zu erlauben, dich weiter zu beunruhigen.

Füttere deinen Geist nicht täglich neu mit selbsterschaffenen mentalen Giftstoffen frischer Sorgen.

Sorgen sind oft das Ergebnis des Versuchs, zu viele Dinge auf einmal zu schnell zu erledigen. Verschraube deine geistigen Pflichten nicht miteinander, sondern kaue sie einzeln, eine nach der anderen, mit Zähnen deiner Aufmerksamkeit durch und durchdringe sie dann mit dem Speichel deines guten Urteilsvermögens. So vermeidest du Sorgenverdauungsstörungen.

Wann immer du dich entscheidest, dich nicht mehr sorgen zu wollen und eine Sorgendiät einzusetzen, bleibe fest bei deinem Entschluss. Du kannst vollständig aufhören, dir Sorgen zu machen. Sag es dir: „Ich kann nur mein Bestes geben, nicht mehr. Ich bin zufrieden und glücklich, dass ich mein Bestes gebe, um mein Problem zu lösen, und es gibt absolut keinen Grund, warum ich mir Sorgen machen sollte."

Wenn du eine Sorgenfastenkur machst, dann trink reichlich von dem frischen Wasser des Friedens, das aus der Quelle jeder Situation fließen kann und belebt wird durch deine feste Entschlossenheit, immer fröhlich zu bleiben. Wenn du dich entschieden hast, fröhlich zu sein, kann dich nichts unglücklich machen. Wenn du dich nicht dafür entscheidest, deinen Seelenfrieden zu zerstören, indem du dir einredest, dass du in unglücklichen Umständen bist, kann dich niemand entmutigen. Kümmere dich nur unermüdlich darum, dass du rechte Handlungen vollziehst, und nicht um deren Ergebnisse. Überlasse diese Gott und sage: „Ich habe unter den gegebenen Umständen mein Bestes getan. Deshalb bin ich glücklich."

Schüttele dreimal täglich alle Sorgen ab. Um sieben Uhr morgens sag dir: „Alle meine Sorgen, die ich mir in der Nacht gemacht habe, sind nun vorbei, und von 7 bis 8 Uhr weigere ich mich, mir Sorgen zu machen, egal, wie lästig die Pflichten sind, die noch vor mir liegen. Ich mache gerade eine Sorgendiät." Sage dann ebenso von 12 Uhr mittags bis 13 Uhr: „Ich bin fröhlich, ich werde mir jetzt keine Sorgen machen."

Am Abend, zwischen sechs und neun Uhr, während du in Gesellschaft deiner Frau oder deines Mannes oder einiger Verwandten oder Freunden bist, mit denen man nicht so leicht umgehen kann, triff geistig einen festen Entschluss: „Während dieser drei Stunden jetzt werde ich mir keine Sorgen machen; ich weigere mich, mich zu ärgern, auch wenn jemand auf mir herumhackt. Egal wie verlockend es auch sein mag, mich einer Sorgenparty hinzugeben, ich werde der Versuchung widerstehen. Ich will mein friedliches Herz nicht durch Sorgenschocks lähmen. Ich kann es mir nicht leisten, mir Sorgen zu machen."

Nachdem du es einmal geschafft hast, deine Sorgendiät während bestimmter Stunden des Tages durchzuhalten, versuche es nun eine oder zwei Wochen lang am Stück, und versuche dann, die Ansammlung von Sorgen-Giften in deinem System vollständig zu verhindern. Wann immer du dich dabei ertappst, dass du dabei bist, dich einem Sorgenfest hinzugeben, mache eine teilweise oder eine vollständige Sorgenfastenkur für einen Tag oder eine Woche.

Das Sorgenfasten ist die negative Methode zur Ausleitung der Sorgengifte. Es gibt aber auch positive Methoden.

So sollte ein Mensch, der sich mit den Keimen der Sorge

infiziert hat, sich regelmäßig in die Gesellschaft froher Geister begeben. Er sollte sich jeden Tag, wenigstens für eine kurze Zeit, mit „freudeinfizierten“ Menschen umgeben.

Es gibt Menschen, deren Lachen durch nichts aufgehalten werden kann. Suche solche Menschen auf und feiere mit ihnen diese Freude, die wie eine unglaublich vitalisierende Nahrung ist. Setze diese Lachdiät für einen oder zwei Monate fort. Genieße das Lachen in der Gesellschaft wirklich fröhlicher Menschen. Verdaue es gründlich, indem du das Lachen von ganzem Herzen mit den Zähnen deiner Aufmerksamkeit durchkaust. Setze deine Lachdiät wirklich gründlich fort, sobald du sie begonnen hast, und am Ende von einem oder zwei Monaten wirst du die Veränderung feststellen – dein Geist wird von Sonnenschein durchdrungen sein. Denke daran: Bestimmte Gewohnheiten können nur durch bestimmte gewohnheitsbildende Maßnahmen geändert werden.

~ 10 ~
Nervosität

Angst, Sorge und Wut sind die geistigen Ursachen für Nervosität. Wenn du wütend bist, vergiftest du dein Blut und verbrennst deine Nervenkraft. Wut verändert die Chemikalien im Blut und beeinträchtigt die Durchblutung. Wenn du in Zorn gerätst, wirst du zum Werkzeug deiner Unwissenheit und tust falsche Dinge. Wenn du dir ständig Sorgen machst, lähmst du deine Nerven.

Die Kur besteht hier darin, ruhig zu bleiben und sein Bestes zu geben. Wenn etwas schiefgelaufen ist, behebe den Fehler. Wenn du die Dinge intelligent und friedlich betrachtest, wirst du das richtige Verständnis darüber erlangen.

Kultiviere deinen inneren Frieden, deine Ruhe und deine Heiterkeit. Je fröhlicher und ruhiger du bist, desto besser ist es für dich. Je mehr du dich sorgst oder wütend oder ängstlich bist, desto weniger Haltung besitzt du. Je mehr Frieden du besitzt, desto geringer wird deine Nervosität werden.

Du wirst feststellen, dass es ein Gesetz Gottes gibt, das dich beschützen wird. Deine Nervosität wird verschwinden, wenn du erkennst, dass du eins mit Gott bist. Du musst erkennen, dass du nicht dieser Körper bist, sondern der Geist hinter dem Körper.

Sage dir jeden Abend vor dem Schlafengehen: „Ich bin ein Prinz des Friedens und sitze auf dem Thron meiner Haltung."

~ 11 ~
Materialismus

Bringen materielle Dinge dir Freude? Nein, sie verschaffen dir für eine Weile ein leichtes Vergnügen, aber hinterher folgt immer Kummer. Sie versprechen Freude, aber sie halten ihr Versprechen nicht. Diejenigen, die sich im Leben zu sehr mit materiellen, irdischen Freuden amüsieren, werden ihr Glück verlieren; diejenigen, die sich dem Sex zu sehr hingeben, verlieren ihre Vitalität; wer zu viel isst, verliert seine Gesundheit und die Zufriedenheit beim Essen. Überall, wo man hingeht, ernten die Menschen das, was sie früher im Leben gesät haben.

Zu viel Sorge um materiellen Luxus und unnötige „Notwendigkeiten“ lässt die Menschen das Bedürfnis vergessen, in allen Dingen ihre geistige Leistungsfähigkeit zu entwickeln und stets zu versuchen, ihre göttliche Ausgeglichenheit zu erlangen. Aufgrund der zeitaufwendigen Anforderungen des Tyrannen „Materieller Luxus“ bleibt ihnen keine Zeit mehr, geistige Effizienz zu entwickeln oder ihren inneren Frieden zu kultivieren.

Jeder Mensch sollte sich daran erinnern, dass die wahren Bedürfnisse des Lebens die geistige und spirituelle Leistungsfähigkeit sind. Das Ziel: maximaler Frieden, allumfassende geistige Leistungsfähigkeit und ausreichende materielle Sicherheit.

~ 12 ~

Wenn du ein goldenes Bild mit einem schwarzen Tuch verhängen würdest, würdest du dann sagen, dass das Bild schwarz geworden ist? Natürlich nicht! Du wüsstest genau, dass das Bild hinter dem Tuch immer noch aus Gold ist.

So wird es auch sein, wenn du den schwarzen Schleier der Unwissenheit wegreißt, der jetzt deine Seele verbirgt. Du wirst die unveränderliche Schönheit deiner eigenen göttlichen Natur wieder erkennen können.

Kapitel 5
FÖRDERE GUTE GEWOHNHEITEN

~ 1 ~

Wenn dich eine schlechte Angewohnheit stört, tue zwei Dinge. Versuche, sie zu vermeiden, ebenso alles, was sie stimulieren könnte, ohne dich in deinem Eifer, sie zu umgehen, allzu sehr darauf zu konzentrieren. Dann lenke deinen Geist zu einer guten Gewohnheit um, und halte den Geist heftig damit beschäftigt, die gute Gewohnheit zu kultivieren, so lange, bis sie ein Teil von dir selbst wird.

~ 2 ~

Eine gute Gewohnheit ist dein größter Freund – eine schlechte Gewohnheit ist dein Todfeind. Sei darum vorsichtig, wenn du etwas wiederholst. Es kann schnell zu einer Gewohnheit werden, bevor du es merkst. Gewohnheiten sind deine zweite Natur, können aber durch dauerhafte gute Handlungen verändert werden.

~ 3 ~

Wo auch immer du bist, bleib wach und lebendig in deinen Gedanken, deiner Wahrnehmung und deiner Intuition – stets bereit, wie ein guter Fotograf, Fotos eines vorbildlichen Verhaltens aufzunehmen und schlechtes Verhalten zu ignorieren. Dein höchstes Glück besteht darin, dass du immer bereit bist, zu lernen und dich richtig zu verhalten. Je mehr du an dir arbeitest, um dich zu verbessern, desto mehr wirst du andere um dich herum hochheben. Der sich selbst verbessernde Mensch ist ein immer glücklicherer Mensch.

~ 4 ~

Sei vorsichtig bei der Wahl deiner Freunde. Suche die Gesellschaft von Menschen, die ruhig, stark und weise sind, mit möglichst mehr Tiefe, als du selbst sie besitzt. Wenn ein Verbrecher in die Zelle eines noch größeren Verbrechers gesteckt wird, hilft ihm das nicht weiter. Wenn dann die Zeit für seine Entlassung gekommen ist, fragt ihn der Direktor: „Wann kommst du wieder?“ Wenn nervöse Menschen in Begleitung anderer nervöser Menschen sind, wird es ihnen nicht besser gehen. Wähle darum immer eine ruhige Gesellschaft.

~ 5 ~

Lasse nicht zu, dass ungesunde Materialien den Strom deiner gewohnheitsbildenden Gedanken hinunterfließen. Achte darum auf die Qualität der Bücher, die du liest. Beachte auch den Einfluss, den deine Familie und deine engen Freunde auf dich haben, wenn sie ständig mit dir in Verbindung stehen. Viele Menschen sind erfolglos, weil ihre Familien ihr Unterbewusstsein mit fortschrittslähmenden, entmutigenden Gedanken infiziert haben.

~ 6 ~

Einige Menschen benötigen viel Zeit, um geistige Gewohnheiten für ihre Gesundheit, ihren Wohlstand und den Erwerb von Weisheit zu entwickeln. Tatsächlich kann die dafür benötigte Zeit jedoch verkürzt werden. Eine langsame oder schnelle Gewohnheitsbildung ist abhängig vom allgemeinen Gesundheitszustand, vom Zustand der Gehirnzellen und des Nervensystems sowie von der Art der verwendeten Methoden zur Bildung von Gewohnheiten. Die meisten Menschen sind in ihren Gedanken und Handlungen nur halbherzig – daher schaffen sie es nicht, sich zu verändern. Eine geistige Gewohnheit, die sich wirklich materialisieren soll, muss stark und beständig sein.

So muss beispielsweise eine Gewohnheit, die Wohlstand oder Gesundheit hervorbringen soll, durch Gedanken an Wohlstand oder Gesundheit kultiviert werden, bis Ergebnisse sichtbar werden. Eine unfehlbar umfassende, mutige geistige Einstellung ist absolut notwendig, um die eigenen Bedürfnisse und Wünsche zu erreichen.

Während ein unaufmerksamer, verwirrter Mensch lange Zeit benötigt, um auch nur eine einfache Gewohnheit zu bilden, kann ein intelligenter, zielorientierter Mensch leicht im Handumdrehen eine gute geistige Gewohnheit erwerben, einfach dadurch, dass er sie sich wünscht. Wenn du also eine mentale, körperliche oder spirituelle Gewohnheit in dir trägst, die deinen Fortschritt behindert, befreie dich jetzt davon. Verschiebe es nicht.

~ 7 ~

Führe jede Handlung, ob sie nun unbedeutend sei oder wichtig, mit schneller, achtsamer Aufmerksamkeit aus. Denke daran, dass deine Aufmerksamkeit wie eine Nadel ist, die Rillen in den Speicher deiner Gedächtniszellen ritzt. Einem Menschen, der ohne Aufmerksamkeit handelt, fehlt das Instrument, das den Speicher erneut aktivieren kann. Zerstreutheit stumpft die Nadel deiner Aufmerksamkeit ab.

Tiefe, achtsame Aufmerksamkeit voll Gefühl ist die Nadel, die Rillen in deine Speicherzellen ritzt.

~ 8 ~

Erfülle auch kleine Aufgaben wirklich gut. Weißt du, dass du bisher nur fünf oder sechs Prozent deiner Aufmerksamkeit für deine Berufung verwendet hast? Von nun an solltest du dich bei deiner Arbeit 100-prozentig konzentrieren.

Alle gutgetane Arbeit ist Gottes Werk, wenn man sie so tut, dass sie auf Gott hin ausgerichtet ist. Die einzige materialistische Arbeit ist eine, die aus einem rein egoistischen Motiv heraus getan wird. Wenn du Geld verdienst, denke daran, dass du es für deine Mitmenschen tust, auch wenn du keine Familie hast. Hebe die falsche Spaltung zwischen materieller und spiritueller Arbeit auf.

~ *9* ~

Dein Gedächtnis sollte trainiert und eingesetzt werden, um dich nur an edle und erhebende Erfahrungen zu erinnern. Nur Gutes sollte in den Speicher deiner Erinnerungen gelangen dürfen. Wenn irgendwelche negativen Gedanken in diesen Speicher eindringen, werden diese Gedanken zu einem unerwarteten Zeitpunkt als Worte oder Handlungen in dir auftauchen. Wenn nur Gutes vorhanden ist, dann kann auch nur Gutes hervorkommen. Schütze darum das Tor deines Geistes.

~ *10* ~

Es sind nicht deine flüchtigen Gedanken oder deine brillanten Ideen, die dein Leben bestimmen, sondern deine Alltagsgewohnheiten. Denkmuster sind wie mentale Magnete – sie ziehen spezifische Objekte an, die einen Bezug zu der Eigenschaft ihrer Anziehungskraft haben.

~ *11* ~

Wenn das natürliche Glücklichsein der Seele von den zeitweiligen Freuden der Sinne verkrustet wird, dann wird der goldene Glanz der Seele verdunkelt.

Viele glauben, dass sie nicht ohne schlimme, Elend hervorbringende Freuden leben können, wie z.B. Alkohol, der den Körper auf Dauer umbringt. Aber genau diese Menschen, würden, wenn sie gute Gewohnheiten bilden könnten, sagen: „Wir können nicht ohne den Frieden und die Freude der Meditation leben. Wir sind unglücklich, wenn wir uns in geringere Freuden stürzen."

So wie sich ein Mensch von kleinen Geldbeträgen trennen muss, um in Zukunft größere Gewinne zu erzielen, so muss der Schüler auf den Genuss materieller Freuden verzichten, um die reine Freude an der Meditation zu erlangen. Tausende können nicht verstehen, warum die genussproduzierenden Sinne die Freude Gottes überschatten.

Der Zweck der Selbstkontrolle ist ein spirituelles Geschäftsangebot, das darauf abzielt, dem Menschen das größte Glück zu bringen. Der Mensch ist nach dem Bild Gottes geschaffen worden und trägt als solcher latent die ewige Freude Gottes in sich, so, wie ein ganzer Baum im Samen verborgen ist. Und ebenso wie geröstete Samen nicht keimen können, so können die Samenkörner auch den Baum der unsterblichen Glückseligkeit nicht mehr hervorbringen, wenn die Freudensaat der Seele durch die Flammen materieller Begierden verbrannt worden ist.

Kultiviere darum deine Gewohnheit, deine höhere Seelenfreude sofort nach dem Erwachen zu kontaktieren. Dann, während du von der Freude der Seele erfüllt bist, kannst du so harmlose Freuden wie Essen, Treffen mit Freunden und so weiter genießen, ohne dass du dich daran bindest. Auf diese Weise kann die Seele alle materiellen Freuden vergeistigen.

~ 12 ~

Fast jede Seele ist ein Gefangener der Sinne, die auf der Oberfläche des Körpers verankert sind. Die Aufmerksamkeit der Seele wird so von ihrem inneren Reich in der Medulla, dem spirituellen Auge und den Chakren zu den äußeren Bereichen des Körpers gelockt, wo Gier, Versuchungen und Anhaftungen ihre Zugriffsmöglichkeiten haben. Der Schüler, der König Seele aus den elenden Slums der Sinne herausführen will, wird entdecken, dass er dies nicht ohne einen schweren Zusammenstoß zwischen den Soldaten der Sinne und den göttlichen Soldaten der Seele tun kann.

Wenn der Schüler das Anfangsstadium der Meditation durchläuft und in den mittleren Zustand der Selbstverwirklichung gelangt, erkennt er, dass sich seine guten und seine schlechten Gewohnheiten auf dem Schlachtfeld des Bewusstseins versammelt und sich gegeneinander ausgespielt haben.

Meditation ist wie eine innere Kriegstrommel, die gute und schlechte Gewohnheiten aus dem Schlaf der Gleichgültigkeit weckt und sie dazu bringt, ihre Kräfte zu vergrößern, um im Bewusstsein des Schülers einen Sieg zu erzielen. Wenn er völlig unter dem Einfluss schlechter Gewohnheiten steht, können seine guten Gewohnheiten diesem Einfluss nichts entgegensetzen. Nur wenn der Anhänger versucht, die guten Gewohnheiten der Konzentration, Ruhe und des Friedens zu pflegen, dann kann er den schlechten Gewohnheiten der Unbeständigkeit, der Rastlosigkeit und der inneren Unruhe damit einen Widerstand in seiner Seele entgegensetzen.

Der begeisterte spirituelle Anfänger erkennt in seinem Eifer, mit dem er anfangs versucht zu meditieren, nicht die Kraft schlechter Gewohnheiten, die sich ihm widersetzen können. Und die schlechten Gewohnheiten bemerken nicht die stille Invasion guter Gewohnheiten – er ist ja noch ein spiritueller Anfänger. Nur wenn der geistig Suchende dann wirklich ernst macht und immer wieder darum kämpft, seine guten Gewohnheiten im Königreich seines Bewusstseins zu verankern, werden die schlechten Gewohnheiten ängstlich und machen wütende Versuche, die guten Eindringlinge zu vertreiben.

Wenn der Suchende dann anfängt, seine Seelenwahrnehmungskräfte und seine guten Gewohnheiten einzusetzen, um die schlechten Gewohnheiten zu bekämpfen, erkennt er, dass sein Herz von Mitgefühl für die schlechten Gewohnheiten erfüllt wird, denn sie scheinen ja zu ihm zu gehören und ihm lieb zu sein. Mit anderen Worten, der Schüler entdeckt trotz seines Wissens, was er eigentlich tun sollte, wie schwierig es ist, die alten Gewohnheiten der Rastlosigkeit, des ständigen Tuns, des falschen Essens und der Sinnesfreuden durch die gnadenlosen, feurigen Soldaten der Ruhe, der Ekstase und der Selbstbeherrschung aus dem Feld zu drängen.

~ 13 ~

Die großartige Methode, wie man schlechte Gewohnheiten wirklich beseitigt, besteht darin, die gotterweckende, gute Gewohnheit der Meditation in sich zu etablieren. Wenn die Gewohnheit von Täuschung der Gewohnheit von Weisheit vorausgeht und sich in der Seele niederlässt, liegt der einzige Ausweg darin, seine ganze Willenskraft zu nutzen, um tief und täglich zu meditieren, bis der allumfassende, selige Umgang mit Gott definitiv erreicht ist und im Bewusstsein willentlich reproduziert werden kann.

~ 14 ~

Es ist genauso einfach, friedlich und freudig zu sein, wie beunruhigt und verstört. Vergiss nie, zu lächeln – nicht mit diesem maskenhaften Lächeln ohne Aufrichtigkeit, sondern mit dem ehrlichen, strahlenden Lächeln, das aus einem hellen, freudigen Herzen hervorgeht.

Gewöhne dir an, stets zu lächeln, ganz gleich, was geschieht, und kontrolliere deine Gedanken vollständig. Sie können dein Leben absolut verbessern oder es zerstören.

Die Menschen achten viel zu sehr auf ihr körperliches Wesen und denken zu viel darüber nach, was sie essen und wie viel sie sich ausruhen sollen. Es ist alles eine Frage des Willens. Ich war in meinem Leben noch nie müde, und ich komme mit nur fünf Stunden Schlaf pro Monat aus. Ich esse nie am Morgen, und zum Mittagessen nehme ich nur eine leichte Mahlzeit zu mir – vorzugsweise ungekochte

Früchte und gehackte Nüsse, dazu dann und wann ein Ei. Als Abendessen esse ich nur einen Salat. Aber mein ganzes Leben ist dem Studium von Yogoda* gewidmet. Und was ich getan habe, können auch andere tun.

~ 15 ~

Gute Gewohnheiten sind deine besten Helfer; bewahre darum ihre Kraft, indem du sie mit guten Taten anregst. Schlechte Gewohnheiten sind deine schlimmsten Feinde; gegen deinen Willen lassen sie dich Dinge tun, die dich verletzen. Hungere darum deine schlechten Gewohnheiten aus, indem du dich weigerst, ihnen weitere Nahrung zu geben oder sie mit schlechten Handlungen zu füttern.

Wahre Freiheit besteht darin, die Dinge in Übereinstimmung mit dem richtigen Urteil zu tun und nicht aus dem Zwang der Gewohnheiten. Iss, was du essen solltest, und nicht unbedingt, was du gewohnt bist zu essen. Tu, was du tun solltest, und nicht das, was deine Gewohnheiten dir vorschreiben.

Gute und schlechte Gewohnheiten brauchen einige Zeit, um Kraft zu gewinnen. Mächtige schlechte Gewohnheiten können durch gute Gewohnheiten ersetzt werden, die ihnen polar entgegengesetzt sind – wenn diese geduldig

---

* Yogoda ist die Bezeichnung, die Yogananda in den frühen Jahren seiner Arbeit erfand, um seine Lehren zu beschreiben. Er übersetzte sie poetisch als harmonische Entwicklung für alle Aspekte der Themen des Menschen. Wenn man es wörtlich übersetzt, heißt Yogoda das, was Yoga, die Einheit mit dem Göttlichen, vermittelt.

gepflegt werden. Verdränge darum zuerst alle schlechten Gewohnheiten durch gute Gewohnheiten in allem, dann kultiviere dein Bewusstsein so, dass du frei von allen Gewohnheiten wirst.

Das Gleichnis vom Weizen und vom Unkraut

Er aber erzählte ihnen ein anderes Gleichnis und sprach:

„Das Himmelreich ist vergleichbar mit einem Menschen, der guten Samen auf seinem Feld gesät hat: Aber während die Menschen schliefen, kam der Feind und säte Unkraut unter den Weizen und ging seines Weges. Als nun der Samen aufging und Früchte hervorbrachte, erschien auch das Unkraut. Da kamen die Knechte des Hausherrn und sprachen zu ihm: Herr, hast du nicht guten Samen auf deinen Acker gesät? Woher kommt dann das Unkraut?

Er sprach zu ihnen: Ein Feind hat das getan. Die Diener aber sprachen zu ihm: Willst du dann, dass wir gehen und die Unkräuter einsammeln? Aber er sprach: Nein, tut das nicht, denn sonst reißt ihr mit dem Unkraut auch den Weizen mit aus. Lasst beide zusammen wachsen bis zur Ernte; und in der Erntezeit werde ich zu den Schnittern sagen: Sammelt zuerst das Unkraut und bindet es zu Bündeln, um es zu verbrennen; dann aber bringt den Weizen in meine Scheune. (Matt. 13:24-30)"

Interpretation

Das Reich der Gottesverwirklichung kann mit einem Menschen verglichen werden, der durch seine tiefe, tägliche

Meditation gute Samen geistiger Erfahrungen in das Feld seines Bewusstseins gesät hat, aber während er schlief (sich also seiner spirituellen Wahrnehmungen nicht bewusst war), ließ sein Feind – die unbewussten Seiten seiner Persönlichkeit – das Unkraut alter materieller Gewohnheiten zwischen dem guten Weizen der geistigen Selbstverwirklichung wachsen. Als die Samen der geistlichen Entwicklung dann wuchsen und Früchte geistlicher Glückseligkeit und Weisheit hervorbrachten, merkte er, dass er auch von den Unkräutern innerer Zweifel, Ängste und einem Gefühl der Hoffnungslosigkeit geplagt wurde, ob er wohl die Geheimnisse Gottes auflösen könne.

Die Diener (Selbstkontrolle und spirituelle Disziplin) fragten ihren Meister: „Oh, Schüler, woher kommt dieses Unkraut spiritueller Hindernisse in dir?“ Der Schüler antwortete: „Unbewusste schlechte Aspekte meiner Persönlichkeit haben heimlich das Unkraut materieller Gewohnheiten zusammen mit meinen spirituellen Gewohnheiten wachsen lassen.“

Die Diener fragten: „Willst du, dass deine Diener der Selbstkontrolle ins Unterbewusste gehen und das tief verwurzelte Unkraut entfernen?“

Da antwortete der Schüler: „Verschwendet eure Zeit nicht damit, euch auf die negativen, unspirituellen Gewohnheiten zu konzentrieren, denn dadurch könntet ihr die spirituellen Gewohnheiten auch verlieren, weil ihr nicht mehr in der Lage seid, euch auf ihr Wachstum zu konzentrieren. Kümmert euch darum weiterhin um die guten spirituellen Gewohnheiten und macht euch keine Sorgen um die unspirituellen Gewohnheiten, bis zur Ernte, wenn die göttliche Ekstase des Freudenkontakts mit Gott erscheint. Dann, wenn die göttliche Ekstase da ist, können die Erntehelfer der spirituellen Wahrnehmung und der spirituellen Gewohnheiten das Unkraut aller vergangenen Inkarnationen aus dem Unterbewusstsein sammeln und sie mit der unmittelbar vernichtenden Kraft der Weisheit und des Lichts, die sich durch den nach innen gerichteten Geist im Gehirn angesammelt haben, alle zusammen verbrennen."

In der Meditation und im Schlaf ziehen sich der Geist und die Energie in die Wirbelsäule und in das Gehirn zurück und verwischen die Gewohnheiten der Sorgen und Unruhe. Im Schlaf geschieht das nur übergangsweise. In der tiefen Meditation dagegen nutzt das Überbewusstsein die entspannte Energie des Geistes, die sich im Gehirn konzentriert hat, um tief in die Hirnrillen zu gehen, wo Gewohnheiten abgesondert werden, um böse Gewohnheiten auszubrennen.

Kapitel 6
NUTZE DIE KRAFT DEINES GEISTES

~ 1 ~
Wie ein großer Misserfolg zu einem überwältigenden Erfolg wurde

So wie es Menschen gibt, die auf ganz natürliche Weise erfolgreich zu sein scheinen, so gibt es auch solche, die gewöhnlich immer wieder Misserfolge erleben. John, mein Freund und Schüler, war so jemand, dem Misserfolge angeboren schienen. Er war jung, intelligent und fleißig, aber es schien, dass er, egal welchen Job oder welches Geschäft er versuchte, immer wieder scheiterte. Verfolgt, verlassen und mittellos suchte er meinen Rat.

Er sagte: „Sir, ich bin wirklich ein Versager. Aus irgendeinem mysteriösen Grund verliere ich nicht nur meinen Job, sondern mein Arbeitgeber verliert, nachdem er mich eingestellt hat, auch noch sein Unternehmen. Ich hasse es, einen Job zu suchen, aus Angst, das Unternehmen meines neuen Arbeitgebers durch den tödlichen Griff meiner Versagensschwingung zu zerstören. Ich werde von allen meinen Freunden Versager genannt und ich glaube fest daran, dass ich nie erfolgreich sein kann."

Durch meinen Einfluss bekam John einen Job in einem kleinen Unternehmen. Ich riet ihm, täglich vor dem Schlafengehen und beim Aufwachen zu affirmieren: „Tag für Tag bin ich in jeder Hinsicht immer erfolgreicher in meinem Job".

Ein Monat verging und John warnte mich: „Verehrter Herr, das Geschäft, in dem Sie mich untergebracht haben, ist dabei, in immer größere Schwierigkeiten zu geraten.

Bitte entfernen Sie mich, bevor es ganz in die Brüche geht. Vielleicht rettet meine Kündigung das Geschäft vor der vollständigen Zerstörung."

Ich lachte und sagte John, er solle seine Erfolgsaffirmation beibehalten und seinen Job nicht kündigen. Nach zwei Wochen kam John eines Abends zu mir und rief mit einem Seufzer der Erleichterung aus: „Es ist passiert." Ich fragte: „Was ist passiert?" – „Nun, das Unternehmen meines Arbeitgebers ist in Konkurs gegangen, wie ich es prophezeit hatte."

Ich drehte mich zu ihm um und protestierte: „Gab es vielleicht irgendwo im Hintergrund deines Verstandes, während du jeden Abend und jeden Morgen geistig die Affirmation nachgeplappert hast „Tag für Tag werde ich immer besser und besser" eine kleine, hartnäckige Stimme, die immer wiederholt hat: „Du Dummkopf, du weißt, dass es dir Tag für Tag in jeder Hinsicht immer schlechter und schlechter gehen wird?" – Er gab das zu.

Lächelnd erinnerte ich John daran, alle negativen Schwingungen während seiner positiven Affirmation wegzuschicken, denn ein überzeugter, bewusster Geist beeinflusst das Unterbewusstsein, was wiederum den bewussten Geist durch die Kraft der Gewohnheit beeinflusst.

Ich sagte John, dass sein Erfolg von seiner kreativen Fähigkeit, seiner Umgebung und seinen vorgeburtlichen und nachgeburtlichen Gewohnheiten abhänge und dass er, wenn er in Berührung mit dem allmächtigen superbewussten Geist komme, die Ursache für seinen absoluten Erfolg erzeugen könne.

Es gelang mir, John einen Job in cincm andcren und größeren Unternehmen zu verschaffen. Nach sechs Monaten (der längsten Zeit, in der er je einen Job hatte) sagte er zu mir: „Sir, holen Sie mich schnell hier raus. Das Unternehmen läuft ziemlich schlecht."

Ich achtete nicht auf Johns Bedenken und sagte ihm, er solle seinen Job fortsetzen. Nach ein paar Wochen stöhnte John lächelnd: „Sir, das zweite Unternehmen, in das Sie mich gebracht haben, hat sich auch in Luft aufgelöst." Ich tat so, als ob ich mir über ihn Sorgen machen würde, und sagte ruhig: „Egal, John, ich werde dir einen anderen Job besorgen."

„Nun, Sir", sagte er, „wenn Sie die Sünde ertragen können, dass Unternehmen anderer Menschen durch den Kontakt mit mir in Konkurs gehen, dann suchen Sie mir einen anderen Job."

Durch kontinuierliche Anstrengung und Einfluss besorgte ich John endlich einen guten Job in einem sehr großen Konzern. Ein Jahr verging und nichts geschah, obwohl John fast jede Woche seinen Job aufgeben wollte, aus Angst, dass er den Zusammenbruch dieses dritten Unternehmens verursachen würde.

Schließlich bat ich John, sein Geld in ein eigenes Unternehmen zu investieren. Er war vor Angst außer sich und schrie mich an: „Wenn ich das Geld investiere, das ich gespart habe, werde ich es sicher verlieren." Ich versicherte ihm mit fester Stimme: „Natürlich musst du dein Geld und deine Energie in ein gutes Projekt investieren, wie z.B. die auftragsbezogene Lieferung von Bürobedarf, was keine großen Investitionen oder Kosten erfordert. Ich bin sicher, dass du Erfolg haben wirst."

Im Laufe einiger Jahre besaß John einige erfolgreiche Filialen und eine große Kapitalmenge.

Als John dann von seinem Erfolg überzeugt war, gelang es ihm, alles, was er unternahm, zu einem Erfolg werden zu lassen. Eines Tages sagte er lachend: „Durch Gott und Ihre Hilfe habe ich mich von einem großen Versager zu einem erfolgreichen Menschen gewandelt. Bitte sagen Sie mir doch, wie das möglich war. Ich kann mein eigenes Versagen verstehen, weil mir ein entsprechendes Verständnis gefehlt hat, aber ich kann nicht verstehen, wie ich die Unternehmen anderer Menschen durch die Kraft meiner Versagerschwingung zerstören konnte."

Ich antwortete: „Du hast die Unternehmen, in denen du tätig warst, nicht zerstört. Hier war das Gesetz der Anziehung am Werk, das Menschen mit ähnlichen Schwingungen zusammenbringt. Du hast ein Unternehmen angezogen, das kurz davor stand,in Konkurs zu gehen, und umgekehrt, so wie zwei brennende Bomben, die Seite an Seite einen Hügel hinunterrollen. Du warst ein Versager und das Unternehmen war auch dabei, kaputtzugehen. Nach dem Gesetz der inneren Verbundenheit seid ihr zusammen den Hügel der Zerstörung hinuntergerollt und gleichzeitig explodiert."

Die westlichen Brüder müssen lernen, dass der Geist größer ist als das, was er hervorbringt. Deshalb sollte man mehr Zeit damit verbringen, den Geist zu kontrollieren, um wissenschaftlich einen Rundumerfolg zu erzielen. Es sollte weniger Zeit damit verbracht werden, dem nachzugehen, was die Produkte des Geistes sind, wenn man dabei den allesserreichenden, allumfassenden Geist selbst zu kultivieren vergisst. Folge also dem Weg, der von Indien gelehrt wird, das Gottesbewusstsein und die absolute Kontrolle über den Geist zu erlangen, und lerne so, nach Belieben zu erschaffen, was du brauchst.

~ 2 ~

Der Verstand ist die Quelle all deiner Sorgen und all deines Glücks. Du bist stärker als alle deine Prüfungen. Wenn du dies jetzt nicht erkennst, musst du es später erkennen. Gott hat dir die Kraft gegeben, deinen Geist und deinen Körper zu kontrollieren und so frei von Schmerz und Trauer zu sein. Sag niemals: „Ich kann nicht mehr." Vergifte deinen Geist nicht, indem du glaubst, dass du leiden wirst, wenn du bestimmte Lebensmittel nicht mehr bekommen kannst, und so weiter.

Erlaube deinem Verstand niemals, Gedanken an Krankheiten oder Einschränkungen zuzulassen, und du wirst erkennen, wie sich dein Körper zum Besseren verändert. Der Geist ist die Kraft, die diesen Körper erschaffen hat, und wenn der Geist schwach ist, wird auch der Körper schwach. Trauere nicht und mache dir keine Sorgen, um nichts.

Wenn du deinen Geist stärkst, wirst du keine körperlichen Schmerzen spüren. Egal, was passiert, du musst absolut frei im Geiste sein.

~ 3 ~

Nutze konstruktiv die Kraft, die du bereits besitzt, und sie wird sich verstärken. Stimme dich in die kosmische Kraft in dir ein. Dann wirst du die schöpferische Kraft des göttlichen Geistes dein Eigen nennen. Du wirst mit der Unendlichen Intelligenz in Kontakt stehen, die dich leiten und alle Probleme lösen kann. Die Kraft aus der dynamischen Quelle deines Seins wird durch dich fließen, so dass du in der Geschäftswelt, der Gedankenwelt oder der Weisheitswelt kreativ sein wirst.

~ 4 ~

Gott hat dir Willenskraft, Konzentration, Glauben, Vernunft und gesunden Menschenverstand gegeben, um dir selbst zu helfen. Du musst sie alle einsetzen, wenn du göttliche Hilfe suchst, aber du darfst dich nicht nur auf dein Ego verlassen, weil du dich sonst von der göttlichen Kraft abtrennst.

Während deiner Affirmationen oder deines Gebets spüre immer, dass du deine eigene, aber von Gott gegebene Kraft einsetzt, um dich oder andere zu heilen. Glaube immer daran, dass du als geliebtes Kind Gottes den Willen und die Vernunft einsetzt, die Er dir gegeben hat. Es muss ein Gleichgewicht zwischen der alten Idee der völligen Abhängigkeit von Gott und der modernen Art der alleinigen Abhängigkeit vom Ego gefunden werden.

~ 5 ~

Jedes Wort, das du sprichst, sollte nicht nur die Wahrheit repräsentieren, sondern auch einen Teil deiner verwirklichten Seelenkraft. Worte, die von Aufrichtigkeit, Überzeugung, Glauben und Intuition durchdrungen sind, sind wie hochexplosive Vibrationsbomben, die die Felsen deiner Schwierigkeiten sprengen und die gewünschte Veränderung bewirken können. Vermeide darum, unangenehme Worte zu sprechen, auch wenn sie wahr sind.

Aufrichtige Worte oder Affirmationen*, die voll Verstehen, Gefühl und Bereitschaft wiederholt werden, können die allgegenwärtige kosmische Schwingungskraft ganz sicher bewegen und dir bei deinen Schwierigkeiten helfen. Rufe darum diese Kraft mit unendlichem Vertrauen an und räume alle Zweifel aus. Achte nicht auf das gewünschte Ergebnis – du kannst den schwingenden Gebetssamen nicht in den Boden des kosmischen Bewusstseins säen und ihn dann jede Minute ausgraben, um zu sehen, ob er gekeimt hat.

---

* **Verlagshinweis:** Für weitere Informationen über Affirmationen und wie man sie verwendet siehe „Die stärkende Kraft der Meditation – innere Ruhe und Klarheit gewinnen", Via Nova, ISBN 978-3-86616-441-3 von Paramhansa Yogananda, und „Affirmations for Self-Healing" von Swami Kriyananda, Crystal Clarity Publishers, Nevada City, Kalifornien.

~ 6 ~

Bei allen Affirmationen steht die Intensität der Aufmerksamkeit an erster Stelle, aber auch Kontinuität und Wiederholung zählen sehr viel. Sprich darum deine Affirmationen mit Hingabe, Willen und Glauben. Wiederhole sie intensiv, ohne Rücksicht auf die Ergebnisse, die auf ganz natürliche Weise als Frucht deiner Mühen entstehen werden.

Wenn du versuchst, dich selbst zu heilen, darf deine Aufmerksamkeit nicht auf die Krankheit gerichtet sein, die immer deinen Glauben stört, sondern einzig auf deinen Geist. Bei der psychischen Heilung von Angst, Wut oder einer schlechten Gewohnheit sollte die Konzentration auf die entgegengesetzte positive Eigenschaft gerichtet sein. Zum Beispiel kultiviert die Heilung der Angst das Bewusstsein von Mut, von Wut und Frieden, von Schwäche und Stärke, von Krankheit und Gesundheit.

Bei dem Versuch, eine körperliche oder geistige Krankheit loszuwerden, konzentriert man sich oft mehr auf die Kraft der Krankheit als auf die Möglichkeit der Heilung und lässt so die Krankheit sowohl zu einer geistigen als auch zu einer körperlichen Gewohnheit werden.

Chronische psychische oder körperliche Erkrankungen haben immer eine tiefe Wurzel im Unterbewusstsein. Deshalb sollten alle Affirmationen, die vom Bewusstsein praktiziert werden, beeindruckend genug sein, um das Unterbewusstsein zu transformieren, das dann wiederum automatisch das Bewusstsein beeinflusst.

Noch stärkere bewusste Affirmationen, die von Willen oder Hingabe getragen sind, erreichen nicht nur das Unterbewusstsein, sondern auch das Gottesbewusstsein, den magischen Speicher aller wunderbaren mentalen Kräfte.

Individuelle Affirmationen sollten willentlich, fühlend, intelligent und hingebungsvoll geübt werden, ab und zu laut, aber meist mental (nicht einmal flüsternd), mit immer höherer Intensität der Aufmerksamkeit und Kontinuität. Die Aufmerksamkeit muss bereits zu Anfang der Affirmation stetig zunehmen und sollte niemals nachlassen. Nachlassende Aufmerksamkeit sollte wie ein unentschuldigtes Kind immer wieder zurückgebracht und geduldig ausgebildet werden, um ihre Aufgabe zu erfüllen.

Aufmerksame, intelligente Wiederholung und Geduld schaffen die Grundlagen für Gewohnheiten und sollten bei allen Affirmationen eingesetzt werden. Solche tiefen und lange durchgeführten Affirmationen sollten mental geübt werden, bis sie Teil der eigenen intuitiven Überzeugungen werden. Es ist besser, mit der Überzeugung zu sterben (wenn der Tod schon kommen muss), geheilt zu werden, als mit dem Bewusstsein, dass eine geistige oder körperliche Erkrankung unheilbar ist.

Alle Affirmationen müssen, um das Überbewusstsein zu erreichen, frei sein von Unsicherheit, Zweifel und Unaufmerksamkeit . Aufmerksamkeit und Hingabe sind Lichter, die sogar blind gesprochene Affirmationen zum Unterbewusstsein und Überbewusstsein führen können.

Wende folgende Anweisungen an, während du diese Affirmation wiederholst:

Yoganandas Affirmation für psychologischen Erfolg

Ich bin tapfer, ich bin stark.
Der Duft des Erfolges
durchdringt meine Zellen, durchdringt meine Zellen.
Ich bin kühl, ich bin ruhig.
Ich bin süß, ich bin freundlich.
Ich bin Liebe, ich bin Sympathie.
Ich bin charmant und magnetisch.
Ich bin mit allem zufrieden.
Ich wische alle Tränen und Ängste weg.
Ich habe keinen Feind.
Ich bin der Freund von allen.
Ich habe keine Gewohnheiten
beim Essen, Anziehen, im Umgang mit anderen:
Ich bin frei, ich bin frei.
Ich befehle dir, oh, Aufmerksamkeit,
komm und übe Konzentration
bei allen Dingen, die ich tue,
bei allen Arbeiten, die ich tue.
Ich kann alles tun,
wenn ich so denke, wenn ich so denke.
In der Kirche oder im Tempel, im Gebet
standen meine herumwandernden Gedanken gegen
mich und hielten meinen Geist davon ab,
Dich zu erreichen,
und hielten meinen Geist davon ab,
Dich zu erreichen.

Bring mir bei, meinen materieverhafteten Geist wieder
in Besitz zu nehmen, damit ich ihn Dir geben kann,
im Gebet und in der Ekstase,
in der Meditation und wenn ich träume.
Ich will Deine Energie spüren, wie sie durch meine
Hände voll Aktivität fließt.
Damit ich Dich nicht verliere,
werde ich dich in meinen Aktivitäten finden.

~ 7 ~

Dein Erfolg im Leben hängt nicht nur von deinen natürlichen Fähigkeiten ab, sondern auch von deiner Entschlossenheit, die dir gebotenen Möglichkeiten zu nutzen. Lebenschancen entstehen durch Schöpfung, nicht durch Zufall. Sie werden von *dir* erschaffen, entweder jetzt oder irgendwann in der jüngeren oder fernen Vergangenheit. Da du sie dir verdient hast, nutze sie, so gut du kannst.

Du kannst dein Leben jetzt und in Zukunft viel lohnender machen, wenn du deine Aufmerksamkeit auf deine unmittelbaren Bedürfnisse konzentrierst und all deine Fähigkeiten und verfügbaren Informationen einsetzt, um sie zu erfüllen. Du musst alle Kräfte entwickeln, die Gott dir gegeben hat, die unbegrenzten Kräfte, die aus der innersten Kraft deines Seins zu dir kommen.

~ 8 ~

Deine Gedanken werden dich unweigerlich entweder zum Scheitern bringen oder zum Erfolg – *je nachdem, welcher Gedanke in dir am stärksten ist.* Deshalb musst du wirklich an deine Pläne glauben, deine Talente einsetzen, um sie auszuführen, und empfänglich sein, damit Gott durch dich wirken kann. Seine Gesetze funktionieren zu jeder Zeit. Du demonstrierst immer Erfolg oder Misserfolg, je nachdem, welche Art von Gedanken du gewöhnlich unterhältst. Wenn dein Denken normalerweise negativ ist, dann reicht ein gelegentlicher positiver Gedanke nicht aus, um die Schwingung in Erfolg zu verwandeln.

~ 9 ~

Hoffnung ist wie ein ewiges Licht auf einem dunklen Weg, auf dem die Seele Inkarnation nach Inkarnation reisen muss, um irgendwann Gott zu erreichen.

Menschen hoffen und versuchen es eine Zeitlang, aber wenn sie ein Dutzend Mal Misserfolg gehabt haben, hören sie auf zu hoffen und werden mutlos. Der göttliche Mensch hört nie auf zu hoffen, denn er weiß, dass er alle Ewigkeit vor sich hat, in der er seine Träume verwirklichen kann.

Seine Hoffnung abzutöten und mutlos zu sein bedeutet, eine Maske der Begrenzung vor dein Gesicht zu ziehen, die deine göttliche Identität der Allmacht verbirgt. Hoffe stattdessen auf das Höchste und das Beste, denn als Kind Gottes ist nichts zu gut für dich. Hoffe weiter. Die Hoffnung entsteht aus dem intuitiven Wissen der Seele, dass wir uns irgendwann an das vergessene Bild Gottes in uns erinnern werden.

~ 10 ~

Ein Mensch mit starker Konzentration muss Gott bitten, seinen fokussierten Geist auf den richtigen Weg zum Erfolg zu lenken. Passive Menschen wollen, dass Gott die ganze Arbeit tut, und Egoisten schreiben sich selbst all ihren Erfolg zu. Passive Menschen nutzen die Kraft Gottes nicht zu ihrer Intelligenz. Egoisten, die zwar die gottgegebene Intelligenz verwenden, vergessen, um Gottes Führung zu bitten, um zu erfahren, wie diese Intelligenz genutzt werden soll. Es schmerzt mich zu sehen, wie Egoisten versagen, selbst wenn sie echte, intelligente Anstrengungen unternehmen.

Es ist notwendig, sowohl Passivität als auch Egoismus zu vermeiden. Deshalb sollten am frühen Morgen und vor dem Schlafengehen jeder Mann, jede Frau und jedes Kind Kontakt mit Gott aufnehmen, um erfolgreich zu sein.

Die Botschaft deiner Seele kann Gott nicht durch dein Geistes-Mikrofon erreichen, wenn dieses durch die Hämmer der Ruhelosigkeit gestört wird. Du musst dieses Mikrofon reparieren, indem du sowohl am Morgen als auch vor dem Schlafengehen tiefe Stille übst, bis alle unruhigen Gedanken verschwinden. Dann bekräftige tief: „Mein Vater und ich sind eins“, bis du die Antwort Gottes als tiefen, zunehmenden Frieden in dir spürst. Dieser Friede kann nicht spürbar werden, außer durch die Praxis der richtigen Meditation. Dieser zunehmende Frieden, diese Glückseligkeit ist der sicherste Beweis für den Kontakt zu Gott und Seine Antwort.

Du musst deine Botschaft: „Mein Vater und ich sind eins" ausstrahlen, bis du die überwältigende, überaus tröstliche Glückseligkeit Gottes in dir spürst. Wenn dies geschieht, hast du Kontakt aufgenommen. Dann fordere dein himmlisches Recht ein, indem du bekräftigst: „Vater, ich bin dein Kind. Führe mich zum rechten Wohlstand", oder: „Vater, ich werde vernünftig urteilen, ich will es wirklich tun, ich will handeln, aber führe Du meine Vernunft, meinen Willen und meine Aktivität zu dem Richtigen, was ich tun soll, um Gesundheit, Wohlstand, Frieden und Weisheit zu erlangen."

Setze nicht als Erstes deinen Willen ein und handle, sondern kontaktiere zuerst Gott und richte so deinen Willen und deine Aktivität auf das richtige Ziel aus.

Wie du auch keine Antwort erhalten kannst, wenn du jemanden über ein Mikrofon rufst und dann wegläufst, so solltest du auch nicht einmal beten und dann weglaufen, sondern kontinuierlich dein Gebet an Gott durch dein ruhiges mentales Mikrofon senden, bis du Seine Stimme hörst. Die meisten Menschen beten mit Ruhelosigkeit. Sie beten nicht entschlossen genug, um eine Antwort zu erhalten.

Denke daran, dass der sicherste Weg zu allseitigem Wohlstand – oder zur Erlangung von Gesundheit, Reichtum, Frieden und Weisheit – darin besteht, zuerst dein verlorenes göttliches Geburtsrecht zurückzugewinnen, indem du deine Botschaft über dein ruhiges mentales Mikrofon an Gott weitergibst, bis du Seine Antwort durch die Glückseligkeit der Meditation erhältst, die in dir immer stärker wird.

Kapitel 7
ENTDECKE DEIN WAHRES WESEN IN DER STILLE

~ 1 ~

Durch die lange Konzentration auf den physischen Körper und seine Bedürfnisse hat die Seele ihr allgegenwärtiges Wesen vergessen. Gott aber ist allgegenwärtig. Die Seele des Menschen, der nach Seinem Bild geschaffen ist, trägt in sich die Anlage der göttlichen Allgegenwart. Diese Allgegenwart verbirgt sich in der kleinen Seele, wie ein Baum in einem kleinen Samenkorn verborgen ist.

Wenn man den Körper täglich beachtet, denkt der Geist, dass er im Fleisch eingeschlossen sei. Der Geist, der über den Körper meditiert, wird so durch ihn begrenzt. Ein Geist, der über das Unendliche meditiert, wird grenzenlos. Über die Unendlichkeit zu meditieren, überzeugt den Geist, wenn die Meditation immer tiefer wird, dass er nicht nur im kleinen Körper eingeschlossen ist, sondern dass er in allem enthalten ist.

Der spirituelle Mensch lernt durch das sich ausbreitende Licht des Mitgefühls und der Meditation, die Leiden und Schmerzen anderer Seelen zu spüren. Er spürt, dass die Welt seine Heimat ist. Deshalb muss der meditierende Aspirant auf die Anhaftungen an seinen kleinen Körper verzichten. Er muss lernen, warme oder kalte Witterungsbedingungen zu ignorieren. Er muss lernen, Hunger und Schmerz zu überwinden. Er muss lernen, alle Anhaftungen zu überwinden, die seinen kleinen Körper regieren, denn solange sich der Geist auf den Körper konzentriert, kann sich die Seele nicht an ihre allgegenwärtige Natur erinnern.

Meditation bedeutet, ständig an die Weite im eigenen Inneren und im Äußeren zu denken, sodass die Seele ihre

Bindung an den kleinen Körper vergessen und sich an ihren großen Körper als Gott erinnern kann.

~ 2 ~

Du bist in der Wildnis der Ablenkungen herumgewandert, weit weg von deiner Heimat des Friedens. Du bist wie ein verlorener Sohn, der in die Heimat seines Glücks zurückkehren will. Der Vater wartet. Sei darum kein Bettler, der in den selbsterrichteten Mauern der Begrenzungen gefangengehalten wird. Zerbrich die Wände. Versuche, ein guter Sohn zu sein statt ein Schulschwänzer.

Meditiere und sende dann deine Gebetsanliegen durch dein ruhiges Gedankenmikrofon. Affirmiere laut, leise und mental: „Vater, Du und ich sind eins", bis du das Einssein spürst, nicht nur mit deiner bewussten Intelligenz oder unterbewussten Vorstellungskraft, sondern auch in deiner überbewussten Überzeugung.

Wenn deine Sehnsucht auf diese Weise Gott erreicht, wirst du Seine Antwort spüren. Halte die Sender deines geistigen Radios fein eingestellt, indem du es mit deiner tiefsten Hingabe und deiner größten, beständigsten Liebe sanft berührst. Dann, plötzlich, kann Er klar und deutlich als Lied, als kosmische Stimme oder als der Duft einer Milliarde mystischer Blumen über dich hereinbrechen. Das sicherste Zeichen Seiner Gegenwart ist ein Aufdämmern des Friedens, der der erste Bote ist, der Sein geheimes Kommen ankündigt. Dann bricht der Friede in immer strahlenderen Lichtern unendlicher Freude in dir aus, und du erkennst Ihn im Licht zunehmender, immer reizvollerer, immer neuer Freude.

Du kannst diesen Boten nie anziehen, bis du die geheime Tür der tiefsten Meditation geöffnet hast. Wenn der Kontakt durch zunehmenden Frieden und Freude hergestellt wird, sag deinem Vater, dass du kein verlorener Sohn mehr bist. Sage Ihm immer wieder, zutiefst, mit deiner ganzen überbewussten Überzeugung, dass du und Er eins seid. Du bist wieder da, um in Seinem Haus zu bleiben.

Wenn dein Vater deine höchste Forderung nach Einigkeit mit Ihm annimmt, dann verlange geringere Dinge: Wohlstand, Kraft, Weisheit oder was immer du willst. Du wirst dann dein göttliches Geburtsrecht erhalten.

3

Wenn man nervös ist und seinen Körper in ständiger Bewegung hält, ist die Lebenskraft unruhig, der Geist ist unruhig, die Vitalität ist unruhig und der Atem ist unruhig. Aber wenn man seine Lebenskraft durch spirituelle Übungen und die Praxis der Ruhe durch Meditation kontrolliert, dann kann man auch seinen Geist und seine Lebenskraft kontrollieren.

Wenn man durch richtige Atemübungen einen ruhigen Atem erreicht, kann man auch eine hohe Konzentration erreichen. Durch mentale Konzentration und Selbstbeherrschung sowie in der Meditation werden der Atem und die Lebenskraft automatisch beruhigt. Dadurch wird eine Stabilität der Persönlichkeit erreicht.

~ 4 ~

Praktiziere die Kunst des Schweigens. Die Tiger der Sorgen, der Krankheit und des Todes rennen dir hinterher, und der einzige Ort, an dem du sicher bist, ist die Stille in dir.

Je mehr du schweigst, desto mehr wirst du Glück finden. Diejenigen, die tief meditieren, spüren eine wunderbare Stille, die auch erhalten bleiben sollte, wenn man in Gesellschaft anderer Menschen ist. Was du in der Meditation lernst, praktiziere auch in deinen Aktivitäten und im Gespräch, und lass niemanden deine Ruhe aus ihrer Balance bringen. Halte an deinem Frieden fest.

Wenn du Menschen triffst, lasse dich nicht von ihrem Bewusstseinszustand beeinflussen. Wenn sie von Gott singen, sei eins mit ihnen, aber wenn sie unerwünschte Eigenschaften zeigen, halte dich von ihnen fern. Begegne Menschen mit deiner Stille, iss in Stille und arbeite in Stille. Gott liebt die Stille.

~ 5 ~

Wenn der Mond sich in einem Topf mit wirbelndem Wasser spiegelt, dann ist das Spiegelbild auch aufgewühlt und unruhig, aber der Mond selbst bleibt davon unbeeinträchtigt – es ist das aufgewühlte Wasser, das die Illusion erzeugt. Lass darum das Wasser im Topf sich beruhigen, und du wirst das perfekte, unverzerrte Bild des Mondes entdecken.

Das vollkommene Bild Gottes in dir wird ebenso durch deine mentale Unruhe und mangelnde Überzeugungskraft verzerrt. Deine himmlischen Fähigkeiten liegen unversehrt in dir. Es sind die Wellen deiner falschen Überzeugungen und unbewussten schlechten Gewohnheiten, die durch deine Umwelt in dir entstanden sind und die das mächtige Bild in dir verzerrt erscheinen lassen. Lerne darum, deine mentalen Wellen durch den Zauberstab der Superkonzentration zu beruhigen, und du wirst deine perfekte, gewinnende Fähigkeit unverzerrt erkennen können.

~ *6* ~

Gott ist am Anfang zu dir gekommen und war die ganze Zeit bei dir. Er allein wird bei dir sein, wenn du gehst. Deshalb mache jetzt deinen Frieden mit Ihm. Keine Pflicht ist wichtiger als deine Pflicht gegenüber Gott, denn keine Pflicht wird ohne Gottes Macht erfüllt.

~ *7* ~

Der Mensch bedient fünf Telefone – die Sinne des Sehens, des Hörens, des Riechens, des Schmeckens und Berührens –, die von der Medulla und vom Herzen gesteuert werden. Das Herz und die Medulla sind die Schaltplätze, über die diese Telefone in Kontakt mit dem Gehirn kommen. Wenn eine Sinnesempfindung das Gehirn erreicht, weckt diese Empfindung sofort und vor allem Gedanken. Der wissenschaftliche Weg, das Denken zu beseitigen, besteht deshalb darin, die Aufmerksamkeit von den Sinnesobjekten abzuziehen.

Durch Meditation lernst du, deine Energie von den Sinnen* zu trennen und bewusst in die Unendlichkeit zu lenken. Du erlebst eine Ausdehnung des Bewusstseins weg von den Grenzen des Körpers hin zu den Grenzen der Ewigkeit.

Wenn du den Tempel deiner Aufmerksamkeit nicht absolut von störenden Gedanken befreist, wird Gott nicht kommen. Gott gibt sich nicht, es sei denn, Er ist sicher, dass jeder weltliche Gedanke aus deinem Kopf verschwunden ist. Er ist wie eine Kerzenflamme, die den Wind der Unruhe nicht ertragen kann. Er wird aber beständig brennen, wenn du frei von Unruhe bist.

~ 8 ~

Wir lehren eine wissenschaftliche Methode der Konzentration. Eine beliebte, unwirksame Methode der Konzentration kann man mit diesem nutzlosen Versuch darstellen:

Die Szene ist eine Wohnung, gegen 14 Uhr an einem Wintertag. Eine Dame tritt ein, zieht die Sonnenblenden herunter und setzt sich schnell auf einen Stuhl mit gerader Rückenlehne, um sich zu konzentrieren. Kaum hat ihr Körper den Stuhl berührt, ruft sie aus: „Meine Güte, dieser Stuhl ist zu hart. Ich will ein Kissen holen." Auf dem Kissen sitzend, entdeckt sie dann, dass der Stuhl quietscht und so ihre Konzentration stört. Also trägt sie ihr Kissen und ihren Körper auf einen anderen Stuhl.

---

* **Verlagshinweis:** Die Hong-So-Technik in Kapitel 9 ist besonders effektiv, um Energie von den Sinnen zu trennen.

„Jetzt ist endlich alles richtig für ein herrliches Abtauchen in die Tiefe meiner Konzentration“, denkt sie. Aber nur einen Augenblick später, als sie gerade dabei ist, sich ganz in sich zu versenken, hört sie das „Ta, ta, ta, ta, ta, ta, ta, tang, ta, ta, ta, ta, tang“ des Heizkörpers. Voll Widerwillen macht sie die Heizung aus. In gerechter Empörung verstärkt sie nun ihre Entschlossenheit, tief in die Meditation einzutauchen.

Einen Moment später beginnt jemand in der Nachbarwohnung mit „Plung, ploong, ploong-plung“ Klavier zu spielen. Verärgert denkt sie: „Da klimpert schon wieder jemand auf diesem schrecklichen Klavier, während ich gerade versuche zu meditieren.“

Als sich ihr Zorn in der Halbdunkelheit beruhigt, denkt sie: „Nun, das ist wirklich ein ziemlich gutes Klavier; man müsste es nur einmal ein wenig stimmen.“ Dann kommt die Erinnerung an das Klavier ihrer lieben Großmutter in ihren Kopf, die Gedanken an die süßen alten Tage vor langer, langer Zeit – an ihre liebe Großmutter, die sie immer vor der harten Erziehung ihrer Eltern geschützt hat… und mehr liebevolle Gedanken an ihre Großmutter.

Plötzlich weckt sie sich aus ihren süßen Träumen und erinnert sich: „Oh, ich wollte doch Stille üben, ich muss mich konzentrieren.“ So versucht sie mit heiliger Würde, ihren Geist wegen seiner Unruhe zu tadeln und, mit etwas ramponierter Selbstbeherrschung, erneut zu meditieren.

Ihre Augen haben sich kaum wieder geschlossen, als mit einem vibrierenden Laut – „Gr Gr Gr Grr Grrrr Grrrrrrrr-“ mit unverschämter, ungeduldiger und durchdringender Hartnäckigkeit ihr Telefon klingelt. Zähneknirschend denkt sie: „Ich werde nicht antworten. Krähe, so viel du willst!“ Aber das „Grrrrrrrr“ geht weiter, mit unvorstellbarer Ausdauer.

„Naja, vielleicht ist es wichtig. Hallo, hallo – was wollen Sie? Hier ist Sommerville 2924. . . .” Als sie die Antwort „Falsch verbunden“ hört, knallt sie das Telefon auf die Station.

Als diese schreckliche Tortur vorbei ist, braucht sie Mut, um sich wieder zu konzentrieren, denn ihr Gehirn kocht immer noch: „Ich werde dieses Telefon wegwerfen, ein für alle Mal. Dann kann es mich nicht mehr stören.“ Mit der Schere in der Hand ist sie dabei, die Schnur zu durchtrennen, aber als sie an die Unannehmlichkeiten denkt, die sich daraus ergeben könnten, ändert sie ihre Meinung. Sie sucht ein Stück Pappe und trennt damit das Telefon von der Station.

Dies vollbracht, setzt sie sich wieder auf ihrem Thron der Konzentration. Einige Minuten vergehen und sie ist fast weggedöst, nach all diesen Kämpfen mit den Klavierklängen, dem Telefon und so weiter. Als sie sich beim Einschlafen erwischt, setzt sie sich, leicht beschämt, wieder gerade hin, um erneut mit der Meditation zu beginnen. Schon nach wenigen Sekunden ertönt ein lärmendes Geklingel an ihrer Wohnungstür. Wie zuvor denkt sie: „Ich werde nicht hingehen.“

Die Türklingel klingelt weiter und weiter, sie denkt: „Vielleicht ist es doch etwas Wichtiges.“ Vor der Tür stehen ihre drei Freundinnen, die alle einen Master-Abschluss in der Kunst des Klatsches haben, und sie ruft aus: „Oh, wie geht es euch?“, und zwingt sich dazu, strahlend zu lächeln. „Kommt rein, ihr drei Süßen“, sagt sie. „Ich bin so froh, dass ihr gekommen seid.“ Hinter ihrem erzwungenen Lächeln flüstert eine Stimme in ihr: „Oh, was seid ihr für eine Pest! Wann werdet ihr endlich gehen, damit ich wieder meditieren kann?“

Drei Stunden vergehen, in denen sie fröhlich über die Torheiten der drei Klatschbasen lacht. Endlich schließt sich die Tür hinter ihnen. Erleichtert setzt sich die Dame wieder hin, um ihren verlorenen Thron der Stille wiederzufinden, aber ihre Aufmerksamkeit wird durch die Erinnerungen an den Heizkörper, die Klaviergeräusche, das Telefongeklingel, die Türglocken und den Klatsch und Tratsch ständig unterbrochen. Endlich schaut sie auf ihre Uhr und sagt mit einem resignierten Seufzer: „Ach, was soll’s? Ich gebe auf. Es scheint, dass ich mich heute nicht konzentrieren kann. Ich muss jetzt sowieso das Abendessen vorbereiten.“

Die obige Erfahrung ist nur ein Beispiel dafür, was den meisten Frauen und Männern passiert, wenn sie versuchen, sich zu konzentrieren.

Gott versucht, mit Seinen Kindern durch die Stimme der Stille und des Friedens zu sprechen, wenn Seine Kinder zu ihm beten, aber Seine Stimme wird gewöhnlich durch das Klingeln von Telefonen, durch Berührungen, Gerüche, Geschmack, durch Klänge und Anblicke und durch die rauen Geräusche der Gedanken an Empfindungen und Erinnerungen übertönt. Traurig zieht sich Gott dann zurück.

Kapitel 8

KOMME MIT GOTT IN KONTAKT DURCH HINGABE, GEBET UND MEDITATION

~ 1 ~

Erwecke deine Seele aus dem Traum deiner Schwäche. Erwecke deine Seele zur ewigen Weisheit. Wie du das tun kannst? Die Methode heißt Entspannung, Selbstkontrolle, richtige Ernährung, rechte Stärke und eine unerschrockene Geisteshaltung. Lass keinen Misserfolg zu. Wenn du einen Misserfolg zulässt, wird die Niederlage noch größer werden.

Du hast unbegrenzte Macht, deshalb solltest du diese Kraft kultivieren. Meditation ist der Weg, um deine Seele aus der Begrenzung deines Körpers und aller deiner Prüfungen herauszuheben. Meditiere zu Füßen des Unendlichen. Lerne, dich mit Gott zu sättigen. Deine Prüfungen mögen groß sein, aber dein größter Feind bist du selbst. Du bist unsterblich; deine Prüfungen sind sterblich. Sie sind veränderbar, aber du in deinem Selbst bist unveränderlich. Du kannst ewige Kräfte entfesseln und deine Prüfungen zerstören.

~ 2 ~

Denke nicht darüber nach, ob du zuerst Gott kontaktieren oder Sein Klopfen an deine Herzenstür hören kannst. Du bist so lange vor Ihm weggelaufen und hast dich im Sumpf deiner Sinne versteckt. Der Lärm deiner eigenen randalierenden Leidenschaften und deiner schweren Fußstapfen in der materiellen Welt haben dich unfähig gemacht, Seinen Ruf in deinem Inneren zu hören. Stoppe darum, werde ruhig, meditiere tief, und aus der Stille wird die Göttliche Gegenwart hervorgehen.

Gott reagiert auf das Gesetz. Alle, die sich an das Gesetz halten, können das ausprobieren und erleben. Physikalische Gesetze müssen von den physischen Sinnen interpretiert werden. Göttliche Gesetze müssen durch Konzentration, Meditation und Intuition verstanden werden. Gott kann sich nie vor dem Menschen verstecken, der Hingabe, Liebe, richtige Meditation und einen Seelenruf praktiziert. Gott hört immer auf Seelenrufe, aber Er reagiert nicht immer so, wie wir es erwarten.

Wenn immer neue, immer größere Freude dein Schweigen erfüllt, wisse, dass du mit Gott in Kontakt bist und dass Er dir durch deine Seele antwortet.

Setze deine tiefste Meditation ein, vermischt mit deiner größten Hingabe, und praktiziere sie in den stillen Stunden der Nacht, bei Sonnenaufgang oder im verborgenen Licht der Dämmerung, um eine Antwort auf deine Sehnsucht zu finden. Meditiere und setze deine ganze Willenskraft ein, Tag für Tag, Woche für Woche, Jahr für Jahr, bis die kosmische Stille der Ewigkeit zerbrochen ist und du deine Antwort erhältst. Du wirst nicht ewig lange warten müssen, denn du wirst in tiefer Meditation feststellen, dass Gottes Glückseligkeit dich umgeben und durch die Stimme des Friedens zu dir sprechen wird.

~ 3 ~

Du musst herausfinden, welche Art von Gebet Gott zu einer Antwort bringt. Rein intellektuelle Gebete bringen intellektuelle Befriedigung, aber sie erzeugen keine bewusste Antwort von Gott. Emotionale Gebete sorgen für Erregung, aber hingebungsvolle Gebete bringen dir die ruhige Freude der Seele.

Um eine Antwort auf deine Gebete zu bekommen, musst du intelligent mit einer berstenden Seele beten, selten laut, meistens still, ohne jemandem zu zeigen, was in deinem Inneren passiert. Du sollst mit äußerster Hingabe beten und das Gefühl haben, dass Gott auf alles hört, was du mental affirmierst. Bete in die Tiefen der Nacht hinein, in der Abgeschiedenheit deiner Seele. Bete, bis Gott dir durch die hörbare Stimme berstender Freude, die durch jede Körperzelle und jeden Gedanken kribbelt, oder durch Visionen antwortet, die dir zeigen, was du in einem bestimmten Fall tun sollst.

Die zunehmende Freude nach der Meditation ist der Beweis dafür, dass Gott durch das mit Hingabe eingestimmte Radio deines Herzens geantwortet hat. Je länger und tiefer du meditierst und affirmierst, desto mehr wirst du dir der ständig wachsenden Freude in deinem Herzen bewusst sein. Dann wirst du ohne Zweifel wissen, dass es einen Gott gibt, dass er immer existiert und immer existiert hat und dass Er überbewusst und allgegenwärtig ist und voll immer neuer Freude. Dann fordere: „Vater, jetzt, heute, den ganzen Tag, jeden Morgen, jeden Augenblick, im Schlaf, im Wachen, während meines ganzen Lebens, im Tod und im Jenseits bleibe bei mir als die bewusst antwortende Freude meines Herzens."

~ 4 ~

Die übliche Gebetsmethode ist größtenteils ineffektiv, weil wir es nicht wirklich ernst meinen mit Gott. Er weiß, welche egoistischen Wünsche wir in unserem innersten Geist haben, und deshalb manifestiert Er sich nicht. Während die Dämonen der Empfindungen und Gedanken in den Tempeln von Körper und Geist tanzen, ist es schwierig, Gott zu erkennen, der hinter dem Schleier der Stille in deinem Inneren verborgen bleibt.

~ 5 ~

Die meisten Menschen sind zerstreut, während sie beten. Einige lieben Gott, drücken diese Liebe aber nicht ständig aus. Diese Gebete werden nicht erhört.

Die meisten Menschen erbetteln etwas von Gott; deshalb erhalten sie statt des Anteils eines echten Kindes auch nur ein Almosen. Ein Bettler fleht, ein Kind verlangt. Das Betteln eines Bettlers ist von katzbuckelnder, kriechender, winselnder Natur; die Forderung eines Kindes ist geradlinig, aufrichtig und liebevoll, ohne Angst zu haben. Diejenigen, die als Kinder verlangen, erhalten alles, was der Vater hat.

Ein Bettler zweifelt daran, dass sein Flehen erhört wird; ein wahrer Sohn weiß, dass seine Forderung erfüllt werden wird. Du warst ein Sohn, aber deine eigene Schwäche hat dich zu einem Bettler gemacht. Deshalb musst du wieder zum Sohn werden, bevor du dein Geburtsrecht geltend machen kannst. Deshalb verlange, zum Sohn zu werden, bevor du etwas anderes forderst.

Stelle zuerst deine Einheit mit Gott her, wie Jesus es getan hat, indem du in der Freude der Meditation erkennst: „Ich und mein Vater sind eins". Sprich Ihn nicht wie ein Bettler an, sondern verbinde deine durch Unwissenheit getrennte Seele mit Gott, indem du ständig mit der immer neuen Glückseligkeit in dir identifiziert bleibst.

Nachdem du deinen freudigen Kontakt mit dem Gott der Seligkeit wiederhergestellt hast, kannst du deine Forderungen nach Gesundheit, Wohlstand oder Weisheit durch ein Flüstern deines Geistes Gott vorlegen.

~ 6 ~

Du darfst dich nicht entmutigen lassen, weil du krank bist, arm oder moralisch schwach. Denke daran, dass Leiden und Sünde nur vorübergehende Wunden sind; in Wirklichkeit bist du ewig ein Kind Gottes. Selbst wenn die Welt dich verurteilt und wegdrängt, wird Gott immer versuchen, dich zu finden und dich nach Hause zu bringen. Mach dir nichts daraus, wenn du Ihn nicht sehen oder Sein Klopfen am Tor deines Herzens mal nicht hören kannst.

~ 7 ~

Einsamkeit ist der Preis für den Kontakt mit Gott. Die Gesetze der Einstimmung von Körper, Geist und Seele auf Gott zu kennen, ist dafür zwar notwendig. Aber da Gott auch über dem Gesetz steht, ist vor allem Hingabe notwendig, um seine Aufmerksamkeit zu erregen. Der hingebungsvolle Ruf, wenn er aufrichtig, tief und kontinuierlich ist und durch aufrichtige Bemühungen um tiefe Meditation ergänzt wird, wird dir die Antwort Gottes bringen. Hingebungsvolles Verlangen ist größer als das Gesetz, denn es berührt das Herz Gottes und bringt Ihn dazu, Seinen unartigen und guten Kindern gleichermaßen zu antworten. Liebe veranlasst Gott, sich dem Schüler hinzugeben.

Sei nicht wie das Baby, das aufhört zu weinen, sobald seine Mutter ihm ein Spielzeug gibt, sondern weine unaufhörlich, wie ein unartiges Baby, das alle Köder und Spielzeuge eines großen Namens, des Ruhms, der Macht und des Besitzes wegwirft und herzzerreißend zur Göttlichen Mutter schreit bis du die Antwort auf deine Gebete findest. Bete, bis du dir des göttlichen Kontakts absolut sicher bist; dann verlange die Erfüllung deiner materiellen, mentalen und spirituellen Bedürfnisse vom Höchsten als dein göttliches Geburtsrecht.

~ 8 ~

Meditation ist völlige Entspannung, der einzige Weg, Gott zu erkennen. Du kannst alles andere tun, als zu meditieren, und du wirst nie die Freude finden, die kommt, wenn alle Gedanken in dir still sind.

Du fragst vielleicht: „Wie kann ich sicher sein, dass es eine solche Freude gibt, wie du sie beschreibst?“ Ich kann es wirklich bezeugen: Wenn du jeden Tag tief und konsequent meditierst, wirst du die ewig existierende, ewig bewusste, nie endende Freude in dir finden. Mit Übung wird sie in Aktivität und in Stille bei dir bleiben, auch im Schlaf. Es ist eine Freude, die dich ständig zum richtigen Handeln in allem führen und auf alle deine Gebete antworten wird.

Und auch das ist mein Zeugnis: Wenn du diese Freude einmal erreicht hast, wirst du feststellen, dass alle anderen Wünsche im Vergleich dazu klein werden. Dein Bewusstsein wird sich erweitern. Du wirst unerschüttert inmitten der größten Prüfungen stehen. Die ganze Welt wird dich nicht dazu verleiten können, diese Glückseligkeit aufzugeben. Du wirst das ganze Leben in dieser Glückseligkeit genießen.

~ 9 ~

Die Freude, die in der Meditation zu dir kommt, ist Beweis genug für die Existenz des niemals endenden, freudigen Gottes. Oft, wenn der Schlaf über mich hereinbricht, sage ich: „Geh weg von mir, du ekelhaftes Rauschmittel; ich will diese Freude an dein Unbewusstes nicht verlieren.“

Dein ganzer Körper verändert sich, wenn du häufig meditierst, denn wenn du wirklich mit Gott in Kontakt bist, werden alle Dinge harmonisch; alle Dinge verschmelzen in einem Ozean des Friedens. Aber du musst die Meditationstechniken ehrlich, ernsthaft, konsequent und kontinuierlich praktizieren, um das volle Bewusstsein für diese höchste Kraft zu entwickeln.

~ 10 ~

Du hast vergessen, dass dein Königreich die Allgegenwart ist. Schau in einen Spiegel und erkenne, was du dir selbst angetan hast. Alter ist nichts, aber wenn du dein Alter zeigst, dann ist das schlecht. Du musst immer innerlich funkeln, mit unendlichem Witz und Licht. Gott möchte aus deinen Augen funkeln, aber du schirmst Ihn von dir ab. Denke daran, dass hinter der Dunkelheit deiner geschlossenen Augen das Licht Gottes steht. Und dieses Königreich gehört dir. Du bist allgegenwärtig. Dein Zuhause ist die Ewigkeit.

~ 11 ~

Wenn wir über unsere Geschenke meditieren, über das, wofür wir dankbar sein können, und nicht über die Prüfungen, Krankheiten oder Sorgen, die uns plagen oder stören, dann werden wir anfangen, Gott zu erkennen.

~ 12 ~

Je mehr du in der Meditation Frieden spürst, desto näher bist du Gott.

~ 13 ~

Während deiner tiefen Meditation wird ein sehr angenehmer Zustand des Friedens erzeugt, aber danach zeigt sich wieder der laute Atem und weckt erneut alle materiellen Wünsche und Ablenkungen. Der Schüler sollte sich davon aber nicht entmutigen lassen, sondern durch immer tiefere Meditation lernen, den Atem und die Sinne zu beruhigen.

Auch wenn man das Fleisch nicht besiegen kann, sollte man trotzdem meditieren, denn dann wird man die geringeren Freuden der Sinne und die größeren Freuden der Seele miteinander vergleichen können.

~ 14 ~

Solange ein unruhiger Gedanke oder eine körperliche Bewegung in dir bleibt, kannst du deine innere Stimme nicht hören und auch nicht mit deinem inneren Auge sehen. Mit anderen Worten, Gott wird nicht in deinen Tempel eintreten. In einem innerlich und äußerlich ruhigen Körpertempel, der von Hingabe, Liebe und Inspiration erhellt wird, kann Gott überredet werden, zu kommen. Wahre Intuition und echte Visionen werden so geweckt.

≈ 15 ≈

Es ist notwendig, aufrecht zu sitzen. Wenn du mit gebeugter Wirbelsäule sitzt und dich nach vorne lehnst, vermittelt der Körper dir die Botschaft, dass du dabei bist, aufzugeben. Du musst so sitzen, dass klar ist, dass du es ernst meinst.

Eine gebeugte Wirbelsäule ist der Feind der Selbstverwirklichung. Wenn dein Verstand bei der gebeugten Wirbelsäule ist, dann werden deine elektrischen Ströme mit den Muskeln und dem Fleisch beschäftigt sein und du kannst dich nicht auf Gott konzentrieren. Übe darum Disziplin in deinem Körper, und dein Geist wird frei sein, dein Bewusstsein über den Körper hinaus zum Unendlichen zu tragen.

≈ 16 ≈

Während der Meditation schlafen einige Menschen ein. Du solltest aber hellwach sein. Wenn du anfängst, dich schläfrig zu fühlen, dann schüttele diesen Impuls in dir ab – spanne deinen Körper überall an, und der Schlaf wird verschwinden. Frische Luft hält einen auch wach.

≈ 17 ≈

Selbstverwirklichung ist wie ein zartes Samenkorn. Du musst es mit Meditation begießen und eine Hecke um es herum wachsen lassen, damit Sorgen, Ängste und Wut die kleine Pflanze nicht niederreißen.

Meditiere und halte deinen Geist ständig auf den Pol des Gottesbewusstseins hin ausgerichtet. Sei wie ein Kompass. Egal wie er sich dreht, die kleine Nadel der Aufmerksamkeit geht immer wieder zurück zum Nordpol. Genauso sollte es mit deinem Bewusstsein sein. Sei jede Minute bei Gott. Genieße alles mit dem unendlichen Bewusstsein und du wirst glücklich in diesem Bewusstsein sein.

~ 18 ~

Der Verstand sollte Ruhe manifestieren. Wenn die Sorgen und Prüfungen des Alltags dich überkommen, sollte dein Geist wie Wasser sein, das keinen Eindruck von den Wellen behält, die sich auf seiner Oberfläche entwickeln.

Durch die Praxis der Meditation kann man eine vollständige Ruhe des Herzens, der Lunge und der anderen inneren Organe erreichen. Wenn die Muskeln und inneren Organe durch Entspannung von jeglicher Bewegung befreit werden, wird der Zerfall oder Abbau von Körpergewebe vorübergehend gehemmt.

Tauche darum jeden Morgen in die absolute Stille ein und verbanne mehrere Minuten lang jeden Gedanken. Je mehr du meditierst, desto mehr wirst du erkennen, dass nichts anderes dir diese verfeinerte Freude schenken kann, diese zunehmende Freude an der Stille. Dieser Kontakt mit der Freude in der Meditation ist der Kontakt mit Gott. Bete tief mit deiner ganzen Hingabe, zuerst um die Liebe Gottes, dann bitte um Weisheit, Glück, Gesundheit, Wohlstand und dann um die Erfüllung einer bestimmten Aufgabe.

~ *19* ~

Minuten sind wichtiger als Jahre. Wenn du die Minuten deines Lebens mit Gedanken an Gott füllst, dann wirst du merken, dass die Jahre deines Lebens automatisch von Gottesbewusstsein durchdrungen sein werden.

Deshalb denke nie an morgen. Kümmere dich gut um das Heute, und für das Morgen wird schon gesorgt werden. Warte nicht bis morgen, um zu meditieren. Warte nicht bis morgen, ehe du anfängst, ein guter Mensch zu werden. Sei heute ein guter Mensch. Sei heute ruhig. Es wird ein Wendepunkt in deinem Leben werden.

Kapitel 9
MEDITATIONSTECHNIKEN

~ 1 ~

Praktiziere morgens, sobald du aufwachst, sowie während deiner Mittagspause und auch bevor du ins Bett gehst, die folgende Meditationstechnik: Lege dich auf den Rücken, entspannt und unbewegt. Denk nicht an die Zeit.

Schenke Gott mit deiner ganzen Hingabe ein Gebet, bis du fühlst, dass Er dir geantwortet hat. Durch die Zunahme deines inneren Friedens und deiner inneren Zufriedenheit wirst du wissen, dass Gott dich erhört hat. Dann, mit geschlossenen Augen, atme aus und mit ausgehaltenem Atem konzentriere deinen Blick und deinen Geist auf den Punkt zwischen deinen Augenbrauen, wobei du zwölfmal mental wiederholst: OM – Geist Christi oder OM – Geist der Seligkeit. Dann atme ein.

Wiederhole diese Übung 12- oder 24-mal. Dann bete erneut mit deiner ganzen Hingabe aus deinem Herzen zu Gott, bis du den Kontakt zu Gott durch einen stets zunehmenden Frieden in dir spürst.

Das sicherste Zeichen der Gegenwart Gottes ist ein lebendiger, bewusster Frieden, der dich erfüllt. Je länger und tiefer du dich konzentrierst, desto größer wird das Zunehmen dieses Friedens sein, denn es ist die Sprache Gottes.

Nachdem du diesen tiefen Frieden in dir spürst, affirmiere: „Der Geist und ich sind eins. Geist, manifestiere deine Weisheit vollständig durch mich.“ Oder sage: „Geist, du und ich sind eins. Du bist mein Vater, ich bin Dein Kind. Was du hast, habe ich auch. Gib mir als Deinem Kind all deinen echten Wohlstand, der auch mir gehört.“

~ 2 ~

Die folgende Meditation wird dem spirituellen Schüler helfen, seine Seele von den Begrenzungen seines Körpers zu befreien und die ewige Freiheit in Unendlichkeit zu erfahren:

Sobald du aufwachst, setze dich aufrecht hin, schaue aus dem offenen Fenster in die Weite des Himmels – oder, wenn du den Himmel durch dein Fenster nicht sehen kannst, dann stelle ihn dir innerlich vor. Stelle dir vor, wie dein Geist deinen Körper beobachtet, dein Zimmer und den Himmel, alles gleichzeitig. Meditiere so einige Minuten lang, bis du spürst, dass du der Körper bist, ebenso das Zimmer und auch der Himmel. Du kannst diese Meditation auch in einer schönen Umgebung draußen praktizieren, tagsüber oder aber auch in der Nacht.

Sitze aufrecht und schließe deine Augen. Stelle dir vor, dass du im Zentrum der Erde in deiner Welt sitzt, wobei der Himmel die Decke ist. Visualisiere diese Welt, wie der Schnee des Nord- und des Südpols sie schmückt, wie sie von Bergen, Flüssen und Teichen durchzogen ist, wie die Ozeane voll schäumender Wellen sie füllen. Nimm das Grün der Wälder wahr, die dein Erd-Zuhause bedecken.

Und dann stelle dir alle Länder und Nationen vor, alle Rassen und Familien, alle geliebten Wesen, die sich um dich herum versammeln und die das Stück deines Lebens auf der Bühne der Zeit spielen. Sprich geistig in deinem Inneren: „Hallo, meine weißen, braunen, dunklen und gelbgesichtigen Väter, Mütter, Brüder und Schwestern, meine Freunde." Versuche, alle Rassen als deine Familie und als deine geliebten Wesen zu spüren.

Sprich in deinem Inneren: „Lasst uns alle vor unserem Vater, Gott, in eine tiefe Verneigung gehen, denn er hat uns alle nach Seinem Bild geschaffen. Lasst uns in eine Verneigung gehen, um unsere Vorfahren zu ehren, Adam und Eva, deren Blut in unser aller Adern fließt. Lasst uns Gott danken, dass Er uns dieses Zuhause auf der Erde geschenkt hat, und lasst uns alle in Glück und Harmonie nach Seinem Willen zusammenleben."

Meditiere mit geschlossenen Augen. Sprich geistig in deinem Inneren: „Ich löse meinen Körper in der Dunkelheit auf." Betrachte den endlosen dunklen Raum der Ewigkeit, der sich über dir erstreckt, unter dir, vor dir und hinter dir, in dir und um dich herum – überall. Dann visualisiere einen Regenbogen-Ballon aus reinem Licht, der deinen Körper umgibt. Der Ballon kann niemals platzen, ganz gleich, wie viel deines lichtvollen Atems du auch hineinbläst.

Atme sehr langsam aus und visualisiere diesen Lichtballon, wie er sich durch deinen Lichtatem immer weiter ausdehnt, bis er groß genug wird, alle Sterne, alle Universen und Planeten und alle Sonnensysteme zu umfassen, einschließlich deiner Erde und deines Körpers.

~ 3 ~

Sitze aufrecht und ziehe deine Schulterblätter ganz leicht zusammen, drücke deine Brust nach außen und halte deine Hände am Punkt des Zusammentreffens von Oberschenkeln und Bauch. Konzentriere dich auf den Punkt zwischen den Augenbrauen. Vergiss deinen Körper, dein Haus, die Erde, die Sonne und den Himmel, vergiss das Fleisch, aus dem du bestehst, deine Gedanken und Gefühle. Spüre nur noch die enorme Weite, die sich in dir ausbreitet.

Wiederhole innerlich: „Ich bin unendlich, ich bin unendlich, ich bin unendlich." Mache so geistig weiter, affirmiere diesen Satz, bis du fühlst, dass du über alles hinausgehst. Sage: „Ich bin zeitlos, ich bin raumlos, ich gehe über meinen Körper hinaus, über mein Denken und Sprechen, über die Materie und über den Geist. Ich bin unendlich, ich bin unendlich gesegnet." Meditiere auf diese Affirmation.

~ 4 ~

Konzentriere dich auf den Punkt zwischen deinen Augenbrauen. Atme tief aus und atme dann wieder langsam durch beide Nasenlöcher ein, halte den Atem an, zähle bis zwölf und spüre, wie alle Energie sich am Punkt zwischen deinen Augenbrauen zentriert. Atme langsam aus und dann atme langsam wieder durch deine Nasenlöcher ein, halte den Atem an, zähle dabei bis 25. Atme langsam aus. Atme langsam wieder durch die Nasenlöcher ein, halte den Atem an, zähle bis 40 und spüre die ganze Energie an dem Punkt zwischen deinen Augenbrauen. Atme langsam wieder aus. Vergiss dann den Atem ganz und konzentriere dich nur noch am Punkt zwischen deinen Augenbrauen.

~ 5 ~

Stelle dir einen Ball aus Dunkelheit vor. Lass dann diesen Ball sich ausdehnen, bis er dein ganzes Zimmer umfasst, deine Stadt, deine Region. Dieser Ball aus Dunkelheit dehnt sich dann weiter und weiter aus, bis er so groß wird wie die ganzen Vereinigten Staaten, dann größer als alle Nationen, alle Sterne, Milchstraßen und Universen, bis der Ball aus Dunkelheit den gesamten Kosmos umfasst. Nun stelle dir vor, dass aus dem Ball aus Dunkelheit plötzlich ein Ball aus Licht wird. Spüre, dass dieser strahlende Lichtball alles verschluckt. Der gesamte Weltraum verwandelt sich in einen flammenden Ball, der nun zu einem Ball unendlicher Glückseligkeit wird. Du bist diese Glückseligkeit. Meditiere über diesen Zustand.

~ 6 ~

Die Hong-So-Technik der Konzentration

Du kannst diese Technik zu jeder Zeit und überall praktizieren. Wo auch immer du bist, setze dich mit aufrechter Wirbelsäule hin und entspanne dich vollständig. Schließe deine Augen (oder richte deine Aufmerksamkeit mit halbgeschlossenen Augen zum Punkt zwischen deinen Augenbrauen).

Nun, aus tiefster Ruhe, *betrachte im Geiste deinen Atem, ohne ihn zu kontrollieren, wie er den Körper betritt und ihn wieder verlässt.* Wenn der Atem deinen Körper betritt, bewege den Zeigefinger deiner rechten Hand nach innen zum Daumen hin und chante geistig (ohne dass sich deine Zunge oder deine Lippen bewegen) das Mantra *„HONG“*. Wenn dann der Atem deinen Körper wieder verlässt, strecke deinen Zeigefinger aus und chante geistig das Mantra *„SO“* (wie das deutsche Wort „so“, aber mit einem scharfen „S“). (Der Sinn dieser Bewegung des Zeigefingers besteht darin, dass du in deiner Konzentration wirksamer wirst und das Einatmen vom Ausatmen unterscheiden lernst.)

Versuche, *deinen Atem in keiner Weise geistig zu beeinflussen.* Stelle dir vielmehr vor, dass du ein ganz stiller Beobachter bist, der den natürlichen Atemfluss ruhig und entspannt beobachtet, während er den Körper betritt und ihn wieder verlässt.

Praktiziere diese Technik mit großer Ehrfurcht und Aufmerksamkeit wenigstens zehn Minuten lang (für den Anfang). Je länger du übst, desto besser. Diese Meditation wird dir ein tiefes Gefühl von innerer Ruhe geben und wird dir letztlich die Erkenntnis schenken, dass du nicht dein Körper bist, sondern die Seele – größer und unabhängig von deinem materiellen Körper.

Wenn du die Form einhalten willst, dann setze dich dazu aufrecht hin, auf einen Stuhl ohne Armlehnen. Lege eine Wolldecke über den Stuhl, bedecke damit auch die Rückenlehne und lass die Decke auch nach unten unter deinen Füßen sein. Setze dich in Richtung Osten. Sitze aufrecht, lehne dich nicht an. Bereite dich vor, dass du nun die Hong-So-Technik praktizieren willst, indem du als Erstes deinen Körper entspannst: Atme ein und spanne alle Muskeln deines ganzen Körpers an, dann lass den Atem gehen und entspanne dich.

Die Hong-So-Technik kann aber auch während aller Zeiten praktiziert werden, in denen du ein wenig freie Zeit hast – beispielsweise, wenn du im Wartezimmer eines Arztes sitzt. Beobachte einfach deinen Atem und – während du dies tust, chante innerlich „HONG“ und „SO“, ohne den Finger zu bewegen, deine Augen zu schließen oder nach oben zum Punkt zwischen deinen Augenbrauen zu schauen. Tue nichts, was die Aufmerksamkeit der anderen Menschen um dich herum auf dich lenken könnte.

Der Sinn der Hong-So-Technik besteht darin, dir zu helfen, deine Aufmerksamkeit von außen nach innen zu bringen und sie von deinen Sinnen abzuziehen, denn der Atem ist die Kordel, die die Seele an den Körper gebunden hält. Der Mensch lebt in einer Atmosphäre voll Luft, die er ebenso braucht wie ein Fisch das Wasser. Wenn er sich über das Atmen erhebt, was während der Atemlosigkeit geschieht, kann der Mensch die himmlischen Sphären des Lichts betreten, wo auch die Engel wohnen. Wenn er leidenschaftslos beobachtet, wie der Atem ihn betritt und ihn wieder verlässt, wird der Atem auf ganz natürliche Weise immer langsamer und beruhigt schließlich die friedensstörende Aktivität des Herzens, der Lungen und des Zwerchfells.

Bedenke einen Augenblick lang einmal diese außergewöhnliche Tatsache: Das Herz pumpt täglich viele Tonnen Blut durch deinen Körper! Es kommt nicht einmal während der Nachstunden zur Ruhe, wenn die meisten anderen Organe eine Möglichkeit haben, ihre Aktivität wenigstens teilweise einmal zu unterbrechen. Das am meisten arbeitende (und deshalb oft überarbeitete) Organ deines Körpers ist das Herz. Die Hong-So-Technik ist eine wissenschaftliche Methode, um das Herz ausruhen zu lassen und so seine Langlebigkeit zu garantieren und eine große Menge Lebensstrom, Energie, über den ganzen Körper zu verteilen, wodurch alle Körperzellen erneuert werden und ihrem Verfall vorgebeugt wird.

Diese wunderbare, wenn auch einfache Technik ist eine von Indiens größten Geschenken für diese Welt. Sie verlängert die Lebensspanne eines Menschen und ist eine praktische Methode, um sich über das reine Körperbewusstsein zu erheben und sich als unsterblicher Geist zu erfahren. Die Worte HONG und SO kommen aus dem Sanskrit und haben mantrische Kraft. Ihre Wurzel „AHAM SAHA" bedeutet: „Ich – bin Er".

Die Bedeutung der Entspannung

Während des Schlafes erleben wir eine Entspannung der Sinne. Der Tod ist eine vollständige, wenn auch unwillentliche Entspannung des Geistes vom Körper. Er tritt ein, wenn die Tätigkeit des Herzens aufhört. Durch die HONG-SO-Technik kann man den Punkt erreichen, sogar sein eigenes Herz zu entspannen, und sich so über den Zwang erheben, sich stets nach außen zu wenden, seinen Tod bewusst zu erleben und sein Gefühl des Rätsels um den Tod und die Angst vor dem Sterben zu überwinden. Man kann tatsächlich lernen, seinen Körper willentlich und in Seligkeit im Tod zu verlassen, statt dass man mit Gewalt aus ihm herausgeworfen wird, was oft als vollkommen überraschend erlebt wird.

Unaufmerksamkeit während der Praxis dieser Technik kann schlaffördernd sein, sodass Schlaf eintritt. Konzentrierte Aufmerksamkeit andererseits bringt ein klingelndes Gefühl göttlicher Lebendigkeit in jede einzelne Zelle deines Körpers.

Wenn du Zeit hast, praktiziere diese Technik länger – tatsächlich, solange du willst. Ich selbst habe als Junge diese Technik sieben Stunden lang geübt und dadurch einen tiefen Zustand atemloser Trance erlebt. Kultiviere diese großartige Ruhe, die du während und nach dieser Praxis erlebst, und halte dich so lange wie möglich an diesem Frieden fest. Wende die Technik in allen praktischen Lebenssituationen an, wenn du beispielsweise mit Menschen umgehen musst, wenn du studierst, wenn du deinen Geschäften nachgehst, wenn du nachdenkst. Und nutze sie, um deine Selbstkontrolle zu stärken, wenn du versuchst, dich von einer tiefverwurzelten, schädlichen geistigen oder emotionalen Gewohnheit zu befreien. Wann immer eine Situation danach verlangt, erinnere dich an die Ruhe, die du während und nach dem Üben dieser Technik gefühlt hast, und dann, wenn du diesen Zustand in dir wieder hervorrufst, begegne deiner aktuellen Situation aus deinem ruhevollen inneren Zentrum, wo deine natürliche Seelenkraft zu dem bestmöglichen Ergebnis führen wird.

Erinnere dich, dass eine tiefe Intensität der Konzentration notwendig ist, damit du diese Technik korrekt ausführen kannst. Das bedeutet jedoch nicht, dass du dich irgendwie unter Stress setzen solltest. Praktiziere diese Technik in aller Ruhe, ganz entspannt – ja, voll Ehrfurcht – und spüre in dieser Ruhe, dass du dich in die Bereitschaft versetzt, der kosmischen Schwingung des OM zu lauschen und dich in sie hineinzuversetzen. Hong-So wird dir helfen, dich in Kontakt mit dem Großen Geist zu versetzen, der in dir als Seele präsent ist und dessen Ausdrucksform die Schwingung ist, die Ursache und der Urgrund eines jeden inneren Klangs. Ergebnisse werden sich ganz gewiss einstellen und eine tiefe Ruhe wird sich in dir ausbreiten. Eine höhere Intuition wird nach einer längeren Praxis zu dir kommen und du wirst dich in Berührung mit dem unerforschten Reservoir der göttlichen Kraft finden.

Sei also nicht ungeduldig. Mache ruhig weiter. Verkörpere diese Praxis und lasse sie zu deiner täglichen Routine werden, die genauso zu deinem Alltag gehört wie essen, Zähne putzen und duschen oder schlafen. Allerhöchste positive Wirkungen werden deinen ganzen geistigen und körperlichen Zustand durchdringen.

Wie bei allem anderen kann auch hier das beste Ergebnis nicht in einem Tag oder in wenigen Tagen erreicht werden. Übe darum! Übe diese Technik und wende sie bei deinen täglichen Bedürfnissen an. Erfahre die Ruhe, die sie herstellt. Erinnere dich daran – und ich spreche hier aus Erfahrung, nicht nur aus meiner eigenen, sondern aus der Erfahrung von Jahrhunderten der Meditation großer Yogis in meinem Land.

Zuletzt, ein wichtiger Punkt: Wohin sollen wir uns konzentrieren?

Wohin sollten wir unsere Konzentration richten, wenn wir diese Technik praktizieren? Auf den Atem, ja, aber *wohin* in unserem Körper?

Deine Aufmerksamkeit könnte am Anfang auf das Pumpen deiner Lungen und deines Zwerchfells ausgerichtet sein. Konzentriere dich also am Anfang auf die körperliche Bewegung. Dann, nach und nach, wenn dein Geist sich beruhigt, wende deine Aufmerksamkeit vom Körper ab zum Atem selbst. Sei dir deines Atems bewusst, wo er den Körper betritt, in den Nasenlöchern. Wenn du immer ruhiger wirst, versuche zu spüren, wo in den Nasenlöchern der Fluss deines Atems stärker ist. Anfangs wird dies an den äußeren Nasenlöchern selbst sein, aber wenn deine Konzentration sich vertieft, dann versuche den Atem höher in deiner Nase zu spüren und bemerke, wo er sich am stärksten anfühlt. Wenn du noch ruhiger wirst, spüre den Atem, wo er den Kopf betritt, bis zu dem Punkt zwischen deinen Augenbrauen – dem realen Sitz der Konzentration in deinem Körper.

Der Ursprung deines Atems liegt im Astralkörper. Die astrale Einatmung korrespondiert mit einer aufwärts gerichteten Bewegung durch den Kanal, der den Yogalehren zufolge als *ida* bekannt ist. Die astrale Ausatmung korrespondiert mit einer abwärts gerichteten Bewegung durch den *pingala* genannten Nervenkanal. Diese Kanäle können von denen, die Fisch essen, als die beiden kleinen Nerven wahrgenommen werden, die über die ganze Länge der Wirbelsäule herablaufen.

Ein aufwärts gerichteter Energiefluss durch *ida* begleitet das Einatmen des körperlichen Atmens. Und ein abwärts gerichteter Fluss durch *pingala* begleitet die körperliche Ausatmung. Die Astralatmung ist abgeschlossen, wenn es einmal eine Abwärts- und eine Aufwärtsbewegung gegeben hat. Sie ist intensiv verbunden mit dem Reaktionsprozess des Menschen. Wenn der aufwärts gerichtete Energiefluss stärker ist, dann kommt es zu positiven Reaktionen, und dasselbe gilt für das körperliche Einatmen, wenn es bewusst und absichtlich geschieht. Wenn die Bewegung stärker nach unten fließt (oder wenn die körperliche Ausatmung stärker ist als die Einatmung), dann kommt sie als ein Seufzen heraus und ist ein Anzeichen für ein Gefühl des Zurückgewiesenseins. Wenn die Einatmung länger ist als die Ausatmung, dann ist dies ein Zeichen einer positiven Reaktion – manchmal sogar der Aufregung. Wenn die Ausatmung länger ist, dann gibt es einen korrespondierenden Rückzug in sich selbst. Im Schlaf ist die Ausatmung zweimal so lange wie die Einatmung. Wenn Einatmung und Ausatmung gleich lang sind, dann ist das ein Zeichen für innere Ausgeglichenheit.

~ 7 ~

Wenn du die *Hong-So*-Technik praktiziererst, dann atme nicht mit Kraft ein und aus. Atme vielmehr ganz normal, aber achte auf den in dich einfließenden und ausfließenden Atem, wobei du geistig *Hong* und *So* chantest. Wenn der Atem auf ganz natürliche Weise nach der Einatmung oder nach der Ausatmung aufhört, dann warte einfach, bis er von selbst wieder einsetzt. Erfreue dich an den Pausen zwischen den einzelnen Atemzügen. Lasse deinen geistigen Gesang dem natürlichen Verlangen des Atems folgen, ein- und auszuströmen.

Erinnere dich, dass der Zweck dieser Praxis darin besteht, auf ganz natürliche Weise die Pausen zwischen den Atemzügen, in denen der Atem nicht fließt, zu vergrößern. Wenn der Atem von ganz allein in dich einströmt und dann nicht sofort wieder ausströmt, dann erfreue dich an diesem Zustand der Atemlosigkeit. Wenn dein Atem dann wieder den Körper verlässt, sage „So". Wenn du dann ausgeatmet hast und der Atem einfach so draußen bleibt, dann erfreue dich an diesem Zustand der Atemlosigkeit, bis der Atem ganz von allein wieder kommen will.

Konzentriere dich auf die Pausen, in denen der Atem nicht fließt, ohne jedoch diesen ruhigen Zustand ohne Atem irgendwie zu forcieren.

Indem du den Atem beobachtest, zerstörst du die Identifikation der Seele mit dem Körper und dem Atem. Wenn du den Atem beobachtest, trennst du dein Ego von ihm ab und erfährst, dass dein Körper nur zum Teil durch den Atem existiert.

Indem du den Atem beobachtest, wird dein Atem rhythmisch und ruhig. Wenn du den Atem beobachtest, werden sowohl der Atem als auch der Geist ruhiger. Ein ruhiger Geist und ein ebensolcher Atem beruhigen die Bewegung des Herzens, des Zwerchfells und der Lungen.

Wenn die Bewegung gleichzeitig noch von den Muskeln entfernt wird, indem man sich entspannt und den Atem aushält und dies zur selben Zeit auch mit den inneren Organen, wie dem Herzen, den Lungen und dem Zwerchfell, usw. passiert, dann zieht sich die Lebensenergie, die Tag für Tag viele Tonnen Blut durch das Herz pumpt, in die Wirbelsäule zurück und verteilt sich in den Milliarden von Körperzellen. Diese Energie lädt die Zellen mit Elektrizität auf und bremst ihren Verfall. In einem solchen Zustand brauchen die Zellen keinen Sauerstoff und auch keine Chemikalien aus der Nahrung mehr, um weiterzuleben. Wenn der Verfall der inneren und äußeren Organe gestoppt wird, braucht das venöse Blut nicht mehr zum Herzen geschickt zu werden, um von dort in die Lungen gepumpt und durch den einströmenden Sauerstoff im Atem gereinigt zu werden.

Da wir Verunreinigungen aus dem venösen Blut entfernen und jede äußere und innere Bewegung stoppen, wenn wir den Atem beobachten, befreit einen die Technik von der Notwendigkeit, mit Hilfe der menschlichen Atmung und des Herzschlags am Leben zu bleiben.

Wenn der Mensch befreit von der Herzaktivität und dem Atem ist und nur noch durch „das Wort Gottes" lebt (der kosmischen Energie), dann wird sein Körper mit kosmischer Energie aufgeladen und er wird nicht länger von anderen Lebensquellen abhängig sein, wie Nahrung, Wasser oder Atem. Das wird ihm eine größere Langlebigkeit schenken.

~ 8 ~

Während der Meditation spürt der Yogi die Macht der Konzentration im Willenszentrum am Punkt zwischen den Augenbrauen und er erlebt auch ein Gefühl vollkommenen Friedens in seinem ganzen Körper. Wenn er dann seine Gehirnzellen durchkämmen will, um die Samenkörner vergangener Misserfolge oder Krankheiten daraus auszumerzen, dann muss er diese Friedens- und Konzentrationsmacht so lenken, dass er sie in seinem ganzen Gehirn spüren kann. Auf diese Weise werden seine Gehirnzellen mit Frieden und Macht imprägniert und ihr transgenerationaler chemischer und psychologischer Aufbau wird verändert.

~ 9 ~

Jeden Abend, wenn du dich hinsetzt, um zu meditieren, bete unablässig zu Gott. Weine, wie du einst geweint hast, wenn du von deiner Mutter oder deinem Vater etwas wolltest: „Wo bist du? Du hast mich erschaffen. Du bist in den Blumen, im Mond, in den Sternen. Musst Du deshalb ein Rätsel bleiben? Komm zu mir! Du musst. Du musst.“ Mit der ganzen Intelligenz und Liebe deines Herzens, reiße die Schleier des Schweigens durch. Mit der Rute deiner Hingabe schüttle den Äther durch und er wird Gott hervorbringen.

Kapitel 10
LEBE DEIN WAHRES POTENZIAL

~ *1* ~

Die erwachende Seele begehrt immer weniger und findet in ihrer Seele ein Meer der Zufriedenheit. In ihrem edlen Verlangen – wie dem Wunsch, anderen zu helfen – verliert die Seele nicht ihren Frieden, sondern findet, dass sich ihre Freude vergrößert um die Freuden derjenigen, denen sie geholfen hat.

Verschwende deshalb nicht den Frieden deiner Seele, indem du ständig kleinen Wünschen nachläufst. Wenn das riesige Reservoir des inneren Friedens durch die Kanäle kleinlicher Begierden hinausgelassen wird, gehen diese Gewässer der Zufriedenheit auf dem Boden materieller Wahrnehmungen verloren.

~ *2* ~

Kultiviere deine emotionale Ausgeglichenheit. Um deine Unruhe zu überwinden, beginne damit, dich zu entschließen, jede Arbeit zu erledigen, ohne darum zu viel Aufhebens zu machen und ohne deinen Geist mit nutzlosen Fragen zu belasten. Beschränke deine Gedanken auf die jeweilige Aufgabe, die vor dir liegt. Entlasse die gerade beendete Aufgabe aus deinem Geist und lasse die nächste Aufgabe an die Reihe kommen.

Ein spirituelles Versprechen von Yogananda

Ich werde mich auf die Lehren konzentrieren und werde treu meine tägliche Praxis der Techniken ausführen.

Ich werde einen kleinen Tempel in meinem Zimmer errichten, wo auch immer ich bin (in einem Schrank oder sogar in einer abgeschirmten Ecke).

Ich werde mich als Diener meines Tempels betrachten, um mich selbst zu korrigieren und um mein Publikum (bestehend aus meinen vielfältigen, untrainierten Gedanken und Gefühlen) zu lehren, dass ich ein ideales Beispiel sein und damit meinen Mitmenschen wirklich dienen kann.

Ich werde anderen jeden Tag nach bestem Wissen und Gewissen helfen, sowohl geistig als auch materiell und spirituell.

Ich werde mich bemühen, nach den folgenden moralischen und spirituellen Regeln zu leben:

Ich werde andere nicht beurteilen – nur mich selbst.

Ich werde mich strikt weigern, unfreundliche Diskussionen über andere zu hören oder zu lesen.

Ich werde versuchen, in allem effizient zu sein – weder passiv von Gott abhängig noch egoistisch, indem ich ausschließlich mir selbst für etwas Anerkennung gebe, wenn ich etwas erreicht habe.

Ich werde durch meine eigenen Anstrengungen und die Kraft Gottes in mir dafür sorgen, dass ich erfolgreich werde.

Ich werde alle Tempel und Kirchen als das Zuhause meines Vaters lieben, aber ich werde diesen Lehren treu bleiben. Ich werde versuchen, mein örtliches Zentrum auf jede erdenkliche Weise zu unterstützen.

~ 3 ~

Unter allen Umständen solltest du ruhig und selbstbewusst bleiben. Selbst wenn Stürme von Prüfungen dich umtosen, solltest du in der Lage sein, das Schiff deiner Konzentration zu den Ufern der Glückseligkeit zu lenken.

Der gewöhnliche Mensch wird von seiner Umgebung beeinflusst. Der Mensch der Konzentration prägt sein eigenes Leben. Er plant seinen Tag und findet am Ende des Tages seine Pläne erfüllt und sich selbst Gott und seinem Ziel näher.

Du solltest niemandem außer dir selbst die Schuld für deine Probleme geben. Entscheide dich jeden Morgen, dass du freundlich zu deinen Freunden und Feinden sein wirst; dass du tiefer als am Tag zuvor meditieren willst; dass du etwas aus guten Büchern lernen willst und so weiter. Analysiere dich und finde heraus, ob du Fortschritte gemacht hast oder nicht. Du solltest keine Existenz führen, in der es nicht weitergeht. Treibe dich deshalb täglich zu noch größerem Erfolg an.

~ 4 ~

Vergewissere dich, dass das, was du willst, für dich richtig ist, dann nutze alle Kräfte deiner Willenskraft, um deine Ziele zu erreichen, und halte immer deinen Geist auf Gott ausgerichtet. Kein anderer Wunsch sollte in deinem Herzen sein, als Gott zu erkennen; dann wird alles zu dir kommen.

~ 5 ~

Um dynamische Willenskraft zu erzeugen, beschließe, alle die Dinge in deinem Leben zu tun, von denen du dachtest, dass du sie nie tun könntest, und widme dann deine gesamte Willenskraft einer Sache, und wenn du sie erreicht hast, der nächsten. Vergewissere dich, dass du eine gute Auswahl getroffen hast, und weigere dich dann, dem Misserfolg eine Chance zu geben. Nutze deine Willenskraft, um dich in diesem Leben zu vervollkommnen. Du solltest dich immer mehr auf den Geist verlassen, denn der Geist ist der Schöpfer sowohl deines Körpers als auch deiner Umstände.

~ 6 ~

Entscheide dich von nun an, alle deine interessanten Aufgaben mit ganzem Herzen zu erfüllen und deine uninteressanten Verpflichtungen mit tiefer Aufmerksamkeit.

Schließe jeden ablenkenden Gedanken aus, der in dir entsteht, wenn du dich mental auf ein wichtiges Problem konzentrierst. Die meisten Menschen denken immer an ein anderes Thema, wenn sie wichtige Aufgaben erledigen. Einige Geschäftsleute sind weder im Job noch als Ehemänner erfolgreich, denn wenn sie in ihren Büros sind, grübeln sie über Probleme mit ihren Frauen nach, und wenn sie zu Hause sind, grübeln sie über ihre Geschäftsprobleme.

Konzentriere dich also auf eine Sache nach der anderen. Deine Konzentration wird dann zur Superkonzentration, wenn du sie mit der grenzenlosen Kraft erfüllst, die entsteht, wenn du sie mit der Kraft Gottes kombinierst.

~ 7 ~

Meditiere regelmäßig eine halbe Stunde lang jeden Morgen und eine halbe Stunde, bevor du ins Bett gehst. Dann setze dich ruhig nach der Meditation hin und spüre den Frieden und die Ruhe in dir. *Das Gefühl, das dich während oder nach einer tiefen Meditation den Frieden genießen lässt, wird „Intuition" genannt.* Wenn du diese Kraft täglich übst, wird sie wachsen und bereit sein, dir zu helfen.

Wann immer du ein Problem intuitiv lösen willst, gehe zuerst in tiefe Meditation oder Stille. Denke während der Meditation nicht an dein Problem. Meditiere, bis du ein Gefühl der Ruhe spürst, das die Höhlungen deines Körpers füllt; dein Atem wird ruhig und still. Konzentriere dich dann gleichzeitig an der Stelle zwischen den Augenbrauen und am Herzen. Bitte Gott, deine Intuition zu lenken, damit du erkennst, was du mit deinem Problem tun sollst. Intuition wird entwickelt durch:

- gesunden Menschenverstand
- tägliche Selbstbeobachtung und Analyse
- die Tiefe des Denkens und konzentrierte Aktivität
- Ruhe
- das Festhalten an den Nachwirkungen der Meditation.

Du musst dich darauf konzentrieren, die Aufnahmefähigkeit deiner Intuition zu erhöhen. Der unendliche Sitz allen

Wissens liegt in dir. Mit einem erwachten Gehirn wirst du alle Dinge durchdringen.

~ 8 ~

Der Yogi versucht immer, seinen aus der Meditation geborenen Frieden bei jeder Aktivität und im Umgang mit anderen im Geist an die erste Stelle zu stellen. Wenn du nach der Meditation im göttlichen Frieden bist und dich plötzlich in einem kleinen Augenblick in einen Teufel der Disharmonie verwandeln kannst, dann sind deine Meditationen wenig wert gewesen. Meditation erinnert dich an deine vergessene Friedensnatur, und mit ihr kannst du deine sterbliche mentale Unruhe überwinden.

~ 9 ~

Halte deine Konzentration in jeder Minute deiner Existenz auf die Nachwirkungen der Meditation hin ausgerichtet und neutralisiere diesen Frieden nicht mit verstörenden Gedanken.

Wenn du einen Beutel mit Senfkörnern auf den Boden wirfst, ist es schwierig, die Samen wieder in den Beutel einzusammeln. Wenn du durch Leichtsinn den Beutel der Konzentration losgelassen hast, dann werden alle Gedanken sich wie Senfkörner verstreuen und es wird schwer sein, sie wieder zusammenzubringen. Indem du deine Gedanken sammelst und sie mit der Kraft der Konzentration mörserst, kannst du das Öl der Selbstverwirklichung herauspressen.

~ 10 ~

Strebe nicht nach Anerkennung. Strebe danach, Gott zu gefallen. Die Menschen werden dich dann suchen, weil sie die Qualität in dir spüren werden, die Gott widerspiegelt. Trage auf allen Wegen deines täglichen Lebens Gott als Fackel in deinem Herzen. Du wirst nie allein und ohne Freunde dastehen, wenn du bewusst mit Gott in Kontakt bist. Alle anderen können dich enttäuschen und dich verlassen, aber Er wird dich nie verlassen.

Gib Gott die Chance, dich mit Seiner Liebe zu verführen. Dann kann nichts anderes dich jemals in Versuchung führen und überwältigen. Du findest materielle Versuchungen nur deshalb reizvoll, weil du die Freuden des Seelenglücks noch nicht kennst. Du kannst sie erst miteinander vergleichen, wenn du beides erlebt hast.

Teste deine Gewohnheiten und schaue, ob sie dich kontrollieren. Zeige ihnen, dass du die Herrschaft über sie hast. Lasse nichts dein Glück stören. Du wirst nie zufrieden und frei von Elend sein, bis du Gott erkennst und bei Ihm bleibst; deine Seele muss das Ganze finden, um vollständig zu sein.

Denke daran, dass Tugend am Ende immer triumphiert, auch wenn das mehr als ein Leben dauern kann. Lass dich niemals durch Leiden und Verlust entmutigen. Lerne durch dein Leid, mit anderen zu sympathisieren und dich in allem zu fühlen. Du wirst letztlich in dein wahres Königreich eintreten, in einem Glück, das alle Erwartungen überschreitet.

~ 11 ~

Erwarte nicht, dass du beim ersten Mal bei allen deinen Versuchen erfolgreich bist. Einige Unternehmen können scheitern, aber andere werden erfolgreich sein. Mit konzentrierter Energie musst du dich deiner nächsten Aufgabe zuwenden und alles tun, um das zu erreichen, was nötig ist.

Um dich mit der Fülle Gottes in Einklang zu bringen, musst du aus deinem Verstand von nun an jeden Gedanken an Armut oder Mangel auslöschen. Der universelle Verstand ist vollkommen, er kennt keinen Mangel; und um dich auf dieses nie versagende Versorgungslager einzustimmen, musst du in dir ein Bewusstsein für Fülle schaffen, auch wenn du nicht weißt, woher der nächste Dollar kommen soll.

Da alle Geschäfte, direkt oder indirekt, mit den Gesetzen Gottes verbunden sind, bringe die bewusste Gegenwart Gottes durch Meditation in deinen Geist, um deine gottgegebenen Probleme zu lösen.

~ 12 ~

Bleibe immer bei dem Gedanken an deine angeborene Vollkommenheit in Gott. Gold bleibt immer noch Gold, auch wenn es unter dem angesammelten Schmutz der Zeit begraben liegt.

~ *13* ~

Lass es dein oberstes Ziel sein, andere glücklich zu machen, um für dich selbst Glück zu erlangen. Denke nie darüber nach, dass du dich selbstlos verhältst. Denke immer daran, dass du Dinge zu deinem eigenen Vergnügen tust, dass du Vergnügen daran hast, andere glücklich zu machen.

~ *14* ~

Gott liebt dich ebenso sehr wie Krishna, Jesus und die anderen großen Meister. Du bist ein Tropfen aus dem gleichen Ozean des Geistes. Denn der Ozean besteht aus allen seinen Tropfen. Du bist ein Teil Gottes. Der Herr selbst hat dir deine Bedeutung gegeben. Du bist Sein Eigen.

~ *15* ~

So wie die Pianistin immer an ihre Musik denkt, so denkt der Gott-Liebende immer an Gott. Diese Freude nährt sein Gehirn, sein Herz und seine Seele. Diese immer neue Freude ist Gott.

~ 16 ~

Die Stimme des Unendlichen ist stark und mächtig, und wenn diese Macht deinen Körper überflutet, dann verschwinden alle falschen Schwingungen in dir. Wenn du spürst, wie die Ewige Kraft durch deine Stimme, durch dein Schweigen, durch deine Handlungen und durch deinen Verstand spricht, dann weißt du, dass du etwas hast, das über das Grab hinausgeht.

~ 17 ~

Du warst in einem Zustand der Illusion und hast gedacht, dass du sterblich bist, dass du kämpfst und leidest. Durch die Meditation kommst du in Kontakt mit deinem Wahren Selbst und vergisst, was du geglaubt hast zu sein.

Jeden Tag solltest du ruhig sitzen und sagen: „Ich bin weder die Erde noch der Himmel. Keine Geburt, keinen Tod kenne ich. Ich habe weder Vater noch Mutter, ich bin unendliches Glück." Wenn du das oft wiederholst und Tag und Nacht darüber nachdenkst, wirst du erkennen, was du wirklich bist. Nur diejenigen, die meditieren, erkennen, dass im überbewussten Geist das Land ewiger Glückseligkeit liegt.

Gott nähert sich dir immer mehr, je tiefer du meditierst. Der Frieden der Meditation ist die Sprache und der umarmende Trost Gottes. Finde Gott zuerst auf dem Thron des Friedens in dir, und du wirst Ihn in allen edlen Bestrebungen deines Lebens finden: in wahren Freunden, in der

Schönheit der Natur, in guten Büchern, guten Gedanken, bei edlen Bestrebungen.

Nichts außer Gott kann dir Zufriedenheit schenken oder dein Elend ganz auslöschen. Deine Seele, als ein getrennter Teil, muss das Ganze finden, um vollständig zu sein. Deine Befriedigung muss ihre vollkommene Befriedigung in Gott finden; dein Wissen muss seinen Durst stillen, indem du die Weisheit Gottes trinkst; dein Friede kann nur mit dem Frieden Gottes vollständig sein; deine Existenz kann nur mit der Unsterblichkeit Gottes unsterblich werden; dein Bewusstsein kann nur unaufhörlich sein, wenn es sich bindet an das kosmische Bewusstsein; deine Freude kann nur dann endlos, immer unterhaltsam sein, wenn sie kombiniert wird mit der Freude Gottes.

~ 18 ~

Die kleinen Jahrhunderte menschlicher Jahre sind nichts als Tage, ja, nur Stunden im Bewusstsein Gottes. Erwache! Erhebe dich aus Träumen deiner Kleinheit zur Erkenntnis der Weite in dir. Du träumst, dass du eine große Biene bist, die um den vergifteten Honig der blühenden Sinnesköder herumschwirrt.

Komm, ich werde dir zeigen, dass du das ewige Feuer bist, das mit unzähligen Mündern die Nektarseligkeit trinkt, die in den Waben aller Herzen und aller Dinge verborgen ist. Füttere nicht mehr deine menschlichen Gewohnheiten mit trügerischen menschlichen Handlungen. Meditiere stattdessen unaufhörlich und liebe Gott die ganze Zeit, so dass deine eigene, allgegenwärtige Natur in deinem Bewusstsein wiederbelebt werden kann und du die körpergebundenen, sinnesgebundenen Überzeugungen und Gewohnheiten ablegst.

Trinke den Nektar der Gottesliebe in allen Herzen. Nutze jedes Herz als deinen eigenen Weinbecher, um das Ambrosia der Gottesliebe zu trinken. Trinke die göttliche Liebe nicht nur aus einem Herzen, sondern trinke aus allen Herzen nur die Liebe Gottes.

Lerne Gott zu lieben wie die Freude in der Meditation. Der Sieg ist nahe. Wähle nur gute Pfade, bevor du anfängst, hastig zu rennen. Denke an Gott, wenn du dich auf den Weg deiner materiellen oder spirituellen Pflicht machst. Denke an Gott mit jedem Schritt deiner vorrückenden Füße auf deinem Weg.

Entscheide dich willentlich für gutes Essen. Dann denke an Gott, bevor du diese Nahrung isst, denke an Gott, während du sie isst; und wenn das Essen beendet ist, denke an Gott.

Rufe Gott als Kraft im Bewusstseinstempel während des ganzen Tages an. Jedes Wort und jede Handlung sollte mit deiner Gottesliebe trunken sein. Sprich und handle vernünftig, sei aber trunken von Gott und lasse jede Handlung des täglichen Lebens zu einem Tempel der Erinnerung Gottes sein. Führe jede Handlung aus, um Ihm zu gefallen, und im Schrein jeder Handlung, jedes Gedankens wird Gott glitzern.

Trage deine Liebe zu Gott tief in deinem Herzen, bevor du schlafen gehst, damit du, wenn du träumst, von Ihm träumen kannst, wie Er auf dem Altar des Schlafes ruht –

als Krishna, Christus, Frieden oder Glückseligkeit. Wenn du schlafen gehst, nimmt dich Gott an Seine Brust in Frieden und Freude. Du schläfst geborgen in Seinen Armen der Ruhe. Bevor du also einschläfst, stelle dir vor, dass du Ihn als deinen Frieden im Schlaf und in deinen Träumen umarmen wirst.

Inthronisiere Frieden und Freude in deinem Herzen. Spüre Freude, egal, wen du triffst oder was du tust. Wenn du das kannst, obwohl das Universum ins Nichts zerbricht oder dein Körper von Prüfungen zerrissen wird, wirst du Ihn immer in deiner Erinnerung tanzen sehen.

Halte an deinem geistigen Schatz der Freude fest. Kultiviere ihn, indem du ihn auch in andere Herzen hineinfließen lässt. Überlasse deine Freude niemals den Räubern der Sorge oder des Egoismus. Halte an der Freude fest, egal, ob der Tod an deine Tür klopft oder ob dein Unterbewusstsein dir sagt: „Alles ist verloren."

Ertränke alle Geräusche in der Stille deiner unbesiegbaren Freude, und du wirst spüren, wie Gott auf dem Altar jedes Gedankens und jedes Gefühls regiert. Du wirst feststellen, dass Böses und Elend nur deine eigenen Traumkreationen waren. Du hast geschlafen und einen Albtraum des Bösen geträumt; nun wachst du auf, in Gott, und fühlst nur Freude und Tugend, die überall existieren.

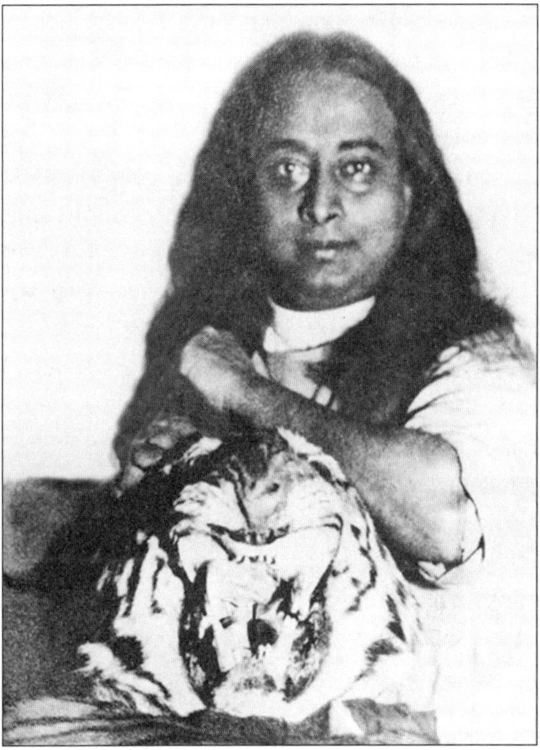

Anhang
ÜBE DIE TECHNIKEN IN DIESEM BUCH

Liebe/r Leser/in,

in diesem Buch bietet Yogananda dir viele lebensverändernde Techniken an. Du kannst die folgenden Übungen den ganzen Tag über anwenden, um dein Bewusstsein hoch und ausgedehnt zu halten. Wenn du das tust, wird dein Leben angehoben und mit innerer Freude gesegnet sein.

Die Bezüge sind nach Kapiteln und Abschnittszahlen angegeben (Kapitel: Abschnittszahl).

Affirmationen – 3:6, 6:1-7
Aufmerksamkeit – 5:7, 10:2, 10:7
Gebet – 6:10, 7:2, 8:3, 8:5
Geistliches Versprechen – 10:3
Intuition – 10:8
Konzentriere dich auf das Gute – 5:3, 5:9
Liebe Gott – 3:10-12, 10:10
Meditationstechniken – 8:11, alle aus Kapitel 9, 10:7-9

Wie überwindet man
- Angst – 4:7
- Minderwertigkeits- oder Überlegenheitskomplexe – 4:6
- Nervosität – 4:10
- Selbstmitleid – 4:3-4

Wie überwindet man
- Versuchungen – 2:4-5
- Sorgen – 4:8-9

STICHWÖRTERVERZEICHNIS

ÜBER DEN AUTOR PARAMHANSA YOGANANDA

„Wie ein helles Licht,
das inmitten der Dunkelheit leuchtet,
so war auch Yoganandas Gegenwart in dieser Welt.
Eine so große Seele kommt nur dann
und nur selten auf die Erde,
wenn es ein echtes Bedürfnis der Menschen gibt".
DER SHANKARACHARYA VON KANCHIPURAM.

Paramhansa Yogananda, 1893 in Indien geboren, wurde von Anfang an ausgebildet, um die alte indische Wissenschaft der Selbstverwirklichung in den Westen zu bringen. 1920 zog er in die Vereinigten Staaten, um mit seinem weltweiten Werk zu beginnen, das Millionen von Menschenleben berührte. Die Amerikaner waren voll Hunger nach Indiens spirituellen Lehren und nach den befreienden Techniken des Yoga.

1946 veröffentlichte er das, was zu einem spirituellen Klassiker und einem der beliebtesten Bücher des zwanzigsten Jahrhunderts geworden ist, die *Autobiographie eines Yogi*. Darüber hinaus gründete Yogananda ein Zentrum für sein weltweites Werk, schrieb Bücher und eine Reihe von Studiengängen, hielt Vorträge vor Tausenden in den meisten Großstädten der Vereinigten Staaten, komponierte Musik, dichtete und bildete Schüler in verschiedenen Disziplinen aus. Er wurde von Calvin Coolidge ins Weiße Haus eingeladen und initiierte Mahatma Gandhi in den Kriya-Yoga, seine bekannteste Meditationstechnik.

Yoganandas Botschaft an den Westen betonte die Einheit aller Religionen und die Bedeutung der Liebe zu Gott in Verbindung mit wissenschaftlichen Techniken der Meditation.

DIE ANANDA-GEMEINSCHAFTEN WELTWEIT

In den Ananda-Gemeinschaften leben verwandte Seelen nach den Lehren von Paramhansa Yogananda. Die Gemeinschaft umfasst die Suche nach höherem Bewusstsein durch die Praxis der Meditation und durch das Ideal des Dienstes an anderen auf ihrer Suche nach Selbstverwirklichung. Ungefähr zehntausend spirituelle Suchende sind auf der ganzen Welt mit den Ananda-Gemeinschaften verbunden.

Die Ananda-Gemeinschaften wurden 1968 von Swami Kriyananda, einem direkten Schüler von Paramhansa Yogananda, gegründet. Es gibt heute sieben Gemeinschaften in den Vereinigten Staaten, Europa und Indien. Weltweit leben etwa tausend Anhänger in diesen spirituellen Gemeinschaften, die auf Yoganandas Idealen des „einfachen Lebens bei hohem Verstand" basieren.

Swami Kriyananda lebte mit seinem Guru während der letzten vier Jahre des Lebens des Meisters und diente seiner Organisation weitere zehn Jahre lang, indem er die Lehren des Kriya-Yoga und der Selbstverwirklichung dem Publikum in den Vereinigten Staaten, Europa, Australien und –

von 1958-1962 – auch in Indien vermittelte. 1968 gründete er zusammen mit einer kleinen Gruppe enger Freunde und Studenten die erste „Weltbruderschaftsgemeinschaft" in den Ausläufern der Sierra Nevada im Nordosten Kaliforniens. Ursprünglich ein Meditations-Zentrum, das sich auf 67 Hektar bewaldetem Land befindet, umfasst die Ananda World-Brotherhood Community heute eintausend Hektar, wo etwa 250 Menschen ein dynamisches, erfüllendes Leben führen, das auf den Prinzipien und Praktiken der spirituellen, mentalen und physischen Entwicklung, Zusammenarbeit, Respekt und göttlicher Freundschaft basiert.

Bei Drucklegung dieses Buches ist Ananda nach vierzig Jahren seines Bestehens eines der erfolgreichsten Netzwerke von spirituellen Gemeinschaften der Welt. Ananda-Gemeinschaften gibt es in Palo Alto und Sacramento, Kalifornien, in Portland, Oregon und in Seattle, Washington. In Europa, in der Nähe von Assisi, Italien, wurde 1983 ein spiritueller Rückzugsort und eine Gemeinschaft gegründet, in der heute fast hundert Einwohner aus acht Ländern leben. Und in Indien wurden neue Gemeinschaften in Gurgaon (bei Neu-Delhi) und in Pune gegründet.

Das Licht, das sich immer weiter ausdehnt

Jedes Jahr werden wir von über zweitausend Menschen besucht. Mit einem abwechslungsreichen, ganzjährigen Programm an Kursen und Workshops zu Yoga, Meditation, spirituellen Praktiken, Yoga- und Meditationlehrerausbildungen sowie persönlichen Rückzugsseminaren, die

„The Expanding Light" genannt werden, begrüßt Ananda spirituelle Suchende aus allen Bereichen des menschlichen Lebens. Hier finden Sie eine liebevolle, akzeptierende Umgebung, ideal für persönliches Wachstum und spirituelle Erneuerung.

Wir sind bestrebt, eine ideale entspannende und unterstützende Umgebung zu schaffen, in der Menschen ihr eigenes spirituelles Wachstum entdecken können. Wir teilen die nichtsektiererischen Meditationspraktiken und die Yogaphilosophie von Paramhansa Yogananda und seinem direkten Schüler, Anandas Gründer Swami Kriyananda.

Yogananda nannte seinen Weg den Weg zur „Selbstverwirklichung", und unser Ziel ist es, unseren Gästen zu helfen, sich auf ihr eigenes höheres Selbst einzustellen. Die Gäste von „The Expanding Light" können die vier Praktiken lernen, die Yoganandas Lehren des Kriya-Yoga umfassen: die Energieübungen, die Hong-So-Technik der Konzentration, die AUM-Technik und den Kriya-Yoga. Die ersten beiden Techniken stehen allen Gästen zur Verfügung, die beiden zweiten stehen allen denjenigen zur Verfügung, die daran interessiert sind, diesen Weg noch tiefer zu gehen.

Weitere Bücher aus dem Verlag Via Nova:

Vollkommene Gesundheit und Vitalität

Paramhansa Yogananda

Taschenbuch, 144 Seiten, 10 Fotos, ISBN 978-3-86616-402-4

Dieses Buch stammt direkt aus der Quelle der Weisheit eines der bedeutendsten spirituellen Lehrer des 20. Jahrhunderts, und es vermittelt ein einzigartiges und außergewöhnliches spirituelles Wissen. Es zeigt umfassend, wie Sie ganz praktisch und konkret im Einklang mit den natürlichen kosmischen und göttlichen Energien leben können und sie gezielt und effektiv für die Erhaltung Ihrer Gesundheit und Vitalität nutzen können. Behandelt werden alle essentiellen Themen, die ein lebenslanges Wohlergehen ermöglichen, von den vielfältigen Aspekten der Ernährung, über Techniken der Entspannung, Regeneration und Verjüngung bis hin zur bewussten Lenkung kosmischer und göttlicher Energien. Das Buch vermittelt Gesundheitswissen von unschätzbarem Wert, das bei jedem Menschen zu lebenslangem Wohlbefinden beitragen kann.

Die stärkende Kraft der Meditation – innere Ruhe und Klarheit gewinnen

Paramhansa Yogananda

Taschenbuch, 128 Seiten, ISBN 978-3-86616-441-3

Dieses Buch des weltberühmten Yogameisters Paramhansa Yogananda (Autor von „Autobiografie eines Yogis") ist ein „Juwel der Weisheit", denn es zeigt uns klar und direkt den Pfad zu wahrer innerer Kraft und Stärke und legt dar, wie wir als Menschen unser größtmögliches Potential realisieren können Denn alles, was wir suchen, ist schon da: in uns selbst, ein „göttlicher Samen", der nur befreit werden muss von inneren Hindernissen, negativen Gedanken und belastenden Gefühlen. Die hier erstmals in deutscher Sprache veröffentlichten Texte mit vielen praktischen Übungen, Affirmationen und Meditationen weisen den Weg in eine neue Dimension des eigenen Lebens. Ein Buch für alle, deren sehnlichster Wunsch es ist, rückhaltlos ihre höchste Bestimmung zu leben und ihr ganzes inneres Licht strahlen zu lassen!

Erfolg ist, wenn deine Seele dein Leben berührt

Paramhansa Yogananda

Taschenbuch, 144 Seiten, ISBN 978-3-86616-451-2

Kann es sein, dass es universelle Kräfte gibt, von denen zu träumen wir kaum wagen und die nur darauf warten, dass wir sie uns zunutze machen? Die alten Heiligen und Weisen Indiens sprachen davon, und mit diesen hier erstmals in deutscher Sprache veröffentlichten Texten von Paramhansa Yogananda wird dieses alte Wissen in diesem Buch neu zusammengefasst. Einer der bekanntesten spirituellen Lehrer des 20. Jahrhunderts zeigt geistige Zugänge und praktische Methoden, wie wir Menschen zu unserer wahren göttlichen Natur gelangen und so die uns innewohnenden Fähigkeiten, Talente und Potentiale in ihrer vollkommenen Qualität entfalten und manifestieren können. Dieses Wissen von unschätzbarem Wert kann Ihr Leben von Grund auf verwandeln und auf allen Ebenen der Existenz zu wahrer Fülle und echtem Erfolg führen.

Karma und Wiedergeburt

Paramhansa Yogananda

Taschenbuch, 128 Seiten, ISBN 978-3-86616-463-5

Einem wahrhaft erleuchteten Meister zu begegnen, ist für jeden Menschen, so sagt man, eine große Gnade. Auch wenn Paramhansa Yogananda, der weltberühmte spirituelle Lehrer und Autor von „Autobiografie eines Yogi", körperlich nicht mehr auf dieser Erde wandelt, so sind sein Geist und seine Lehren lebendiger denn je, wie in diesem kleinen Handbuch. Seine Botschaften entstammen aus anderen Sphären und geben uns Antworten auf die essentiellen Fragen des Menschseins: über die wirkliche Bedeutung von Leben und Sterben, von Karma und Wiedergeburt. Unerschütterlich in der Wahrheit ist in jeder Zeile die Strahlkraft und Liebe des erleuchteten Meisters zu spüren, der uns lehrt, freudvoll unser Leben auszurichten, im Vertrauen auf die universellen Gesetze der göttlichen Schöpfung.

Yoga des Yogananda

Klassische Texte und Übungen für heute

Jayadev Jaerschky

Broschur, 352 Seiten, 200 farbige Fotos,
ISBN 978-3-86616-442-0

Yogananda gilt als einer der herausragendsten spirituellen Persönlichkeiten des 20 Jahrhunderts. Mit seinem Bestseller „Autobiografie eines Yogi" hat er Menschen weltweit eine ganz neue geistige Dimension des Yoga eröffnet. Dass hier nun erstmals ein vollständiges Handbuch seiner einmaligen Praxis zur Verfügung steht, ist ein großes Geschenk für alle, die den Yogaweg gehen. Denn es verbindet uns mit der Quelle der Weisheit eines erwachten Meisters, dem Yoga immer ein Weg der inneren Befreiung und des tiefen Mitgefühls war. Nichtsdestotrotz sind die Übungen und Meditationen der Energiewahrnehmung und -lenkung, die Affirmationen sowie Positionen und die vielen praktischen Hinweise absolut einzigartig und führen uns, ob Anfänger oder Fortgeschrittene, stets zur unmittelbaren Essenz des Seins.

Die spirituelle Dimension des Hatha-Yoga

Erwachen in ein höheres Bewusstsein

Gyandev McCord

Klappenbroschur, 256 Seiten, 180 farbige Fotos,
ISBN 978-3-86616-386-7

Das Üben von Yoga ist wohltuend und gesund für Körper und Seele, doch in der Essenz ist es ein geistiger Weg der Selbsterkenntnis und inneren Transformation. Mit diesem Buch werden Sie die Yoga-Praxis in einer ganz neuen spirituellen Dimension und Kraft kennen lernen, sein wahres Potential und seine außergewöhnlichen Wirkungen auf Bewusstsein und Energiekörper entdecken. In der Tradition des berühmten Lehrers Paramhansa Yogananda, Autor des weltbekannten Bestsellers „Autobiografie eines Yogis", zeigt Gyandev McCord, wie Yoga zu einem einzigartigen Werkzeug spirituellen Wachstums werden und zu wahrhaftigem innerem Frieden und Glück führen kann.

Der Aufstieg der Seele

Meditationsübungen des Raja-Yoga

Swami Kriyananda

Paperback, 240 Seiten, ISBN 978-3-86616-298-3

Wer sich auf die Übungen dieses ungewöhnlichen Buches einlässt, ganz gleich ob Anfänger oder Fortgeschrittener, der kann mit dem hier erstmals vermittelten Wissen zu höchstem Bewusstsein gelangen. Die detaillierten, praxisnahen Beschreibungen sowie die sehr konkreten Meditationsanleitungen aus der Tradition des Raya-Yogas führen den Leser Schritt für Schritt zum Erwachen des Geistes. Auch die Auswirkungen auf die Physiologie sowie der Nutzen für das tägliche Leben werden sehr ausführlich beschrieben. Selten zuvor hat es solch klare Anweisungen für den Prozess der Erleuchtung gegeben wie in diesem Buch, das inspiriert ist von der großen Weisheit des berühmten Paramahamsa Yogananda, Autor des Weltbestsellers „Autobiografie eines Yogis".

Die Essenz des spirituellen Weges

Die Weisheit des Paramhansa Yogananda

Swami Kriyananda

Paperback, 224 Seiten, ISBN 978-3-86616-380-5

Die aufgezeichneten Texte dieses Buches sind ein strahlendes Juwel der spirituellen Literatur, ein kostbares Geschenk für jeden Menschen, der nach den letzten Antworten sucht. In jedem Abschnitt, in jedem Kapitel atmet es die Aura des erleuchteten Geistes von Paramhansa Yogananda, einem der bedeutendsten geistigen Lehrer des zwanzigsten Jahrhunderts und Autor des weltberühmten Meisterwerkes „Autobiografie eines Yogi". Aufbewahrt und aufgeschrieben von einem seiner engsten Schüler und selbst berühmt gewordenen Lehrer Swami Kriyananda begegnen wir hier den zeitlosen universellen Wahrheiten aller wichtigen Menschheitsthemen. Dieses Buch gibt Antworten auf alle wirklich bedeutenden Fragen des spirituellen Lebens und führt zur Selbstverwirklichung. Es ist von Liebe, Weisheit und der einmalig spirituellen Klarheit eines erleuchteten Meisters erfüllt.